Mira Fischer

Materialien und Kopiervorlagen
zur Klassenlektüre

George Orwell

1984

Hase und Igel®

Inhalt

www.hase-und-igel.de
Lektorat: Patrik Eis
Illustrationen: Marc Robitzky
Satz: Appel Grafik München GmbH
Druck: Joh. Walch GmbH & Co. KG, Augsburg

ISBN 978-3-86316-240-5

„1984“ – Das Buch im Unterricht

Das Buch

George Orwells „1984“ ist nicht nur eine der berühmtesten und meistzitierten Antiutopien der Weltliteratur, sondern auch ein starkes Plädoyer gegen Totalitarismus und für eigenständiges, unabhängiges Denken. Als er sein Werk verfasste, stand Orwell unter dem Eindruck der Entwicklungen im Europa des 20. Jahrhunderts, vor allem in der Sowjetunion unter Stalin. Heute ist das Thema nach wie vor hochaktuell – etwa mit Blick auf die Einschränkung der bürgerlichen Freiheitsrechte in Nordkorea, China und Iran. Der Roman ist eine Mahnung an uns alle, indem er zeigt: Freie Meinungsäußerung ist keineswegs selbstverständlich und sollte entsprechend wertgeschätzt und ausgeschöpft werden.

Neben der politischen Brisanz weist Orwells Roman literarische Qualitäten auf, die seine Lektüre – gerade im Rahmen des Deutschunterrichts der Sekundarstufe – lohnend machen: Er verknüpft fantastische und realistische Elemente, politische Satire und eine äußerst spannende Handlung. Durch die eingebundene Liebesgeschichte und zahlreiche Aussagen, die provozieren und Diskussionsstoff bieten, weckt er das Interesse der Jugendlichen.

In drei Teilen wird die Geschichte des Protagonisten Winston Smith erzählt. Der Regierungsangestellte lebt im Jahr 1984 im fiktiven Staat Ozeanien bzw. in der Hauptstadt der Provinz Airstrip One, die der realen Stadt London entspricht. Tagtäglich erfährt er die Einflussnahme totalitärer Herrschaft auf sämtliche Lebensbereiche: Arbeit und Freizeit, zwischenmenschliche Beziehungen, Denken und Fühlen. Ermutigt durch die Sympathie, die er für den scheinbar politisch nicht ganz korrekten Parteiangehörigen O'Brien hegt, beschließt Winston, ein Tagebuch zu führen – der erste Akt der Rebellion.

Im 2. Teil facht die Liebeserklärung einer Kollegin aus dem *Ministry of Truth* Winstons Widerstandsgeist weiter an. Er trifft sich heimlich mit Julia und lässt sich auf eine verbotene Liebesbeziehung mit ihr ein. Gemeinsam suchen die beiden O'Brien auf, um der Untergrundorganisation *The Brotherhood* beizutreten. Doch das Paar wird an die *Thought Police* verraten und gefangen genommen.

Der letzte Teil des Romans spielt fast ausschließlich im Gefängnis und den Folterräumen des *Ministry of Love:* Durch körperliche und mentale Folter wird Winstons Individualität nach und nach ausgelöscht. Als er schließlich aus der Haft entlassen wird, hat sich Winston komplett der Parteiideologie unterworfen.

Mit dieser Schulausgabe liegt eine neue und gekürzte Übersetzung des Romans vor. Die beiden längeren Exkurse im Stil einer wissenschaftlichen Abhandlung (das von Goldstein verfasste Buch und die Erläuterung zu *Newspeak*) wurden gestrafft bzw. ganz weggelassen, sodass Leser ab der 7. Klasse die Lektüre gut bewältigen können.

Das Material

Das Begleitmaterial ist auf die Schulausgabe abgestimmt und erleichtert den Jugendlichen den Zugang zu diesem dystopischen Klassiker. Neben Aufgaben zum Textverständnis sowie zur Analyse der Handlung und der Figuren bietet es Informationen zu Autor und Werk, zum Genre sowie zum Totalitarismus. Die Schüler beschäftigen sich außerdem mit bedeutsamen Motiven und Symbolen des Romans (z. B. das Goldene Land, die Ratten).

Das Material ist in vier Abschnitte gegliedert. Die Einheit „Vor der Lektüre“ führt die Jugendlichen an das Leben und Wirken des Autors sowie die literarischen Gattungen Utopie und Dystopie heran. Die folgenden drei Kapitel orientieren sich am chronologischen Verlauf der Lektüre.

Jeder Abschnitt beginnt mit einem Lehrerteil, der eine Zusammenfassung der einzelnen Kapitel, didaktische Hinweise und Musterlösungen zu den Kopiervorlagen enthält. Vertiefen Sie die Lektürearbeit durch die Anregungen aus den Bereichen „Gesprächs- und Schreibanlässe“ sowie „Kreativ aktiv“. Diese ermöglichen den Jugendlichen, sich mit problematischen Entwicklungen und Tendenzen in ihrer eigenen Lebenswelt auseinanderzusetzen. Signets am oberen Seitenrand verdeutlichen den thematischen Schwerpunkt jeder Kopiervorlage:

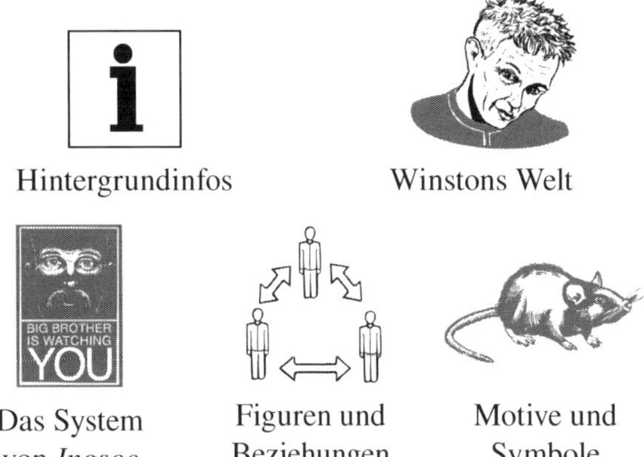

Viel Erfolg bei der Auseinandersetzung mit diesem spannenden Klassiker wünscht Ihnen und Ihren Schülern

Mira Fischer

Die Auseinandersetzung mit einem dystopischen Roman im Unterricht ist auch deshalb so reizvoll, weil sie zur Reflexion über Entwicklungen in der eigenen Gesellschaft anregt. Fragen Sie zum Einstieg: „Wie stellst du dir unser Leben in 36 Jahren vor?" Geben Sie verschiedene Lebensbereiche vor, zu denen sich die Schüler Gedanken machen, z. B. Schule, Arbeit, Freizeit, Politik, Technik, Umwelt, Liebe und Familie. Die Jugendlichen sammeln ihre Ideen zunächst schriftlich und äußern sich danach im Plenum. Tragen Sie die Ergebnisse in Form einer Mindmap an der Tafel oder am Whiteboard zusammen.

Leiten Sie dann zu George Orwell über, der sich schon vor mehr als siebzig Jahren mit dieser Fragestellung beschäftigt hat. Sein Roman „1984" ist in den Jahren zwischen 1946 und 1948 entstanden und entwirft vor dem politischen und gesellschaftlichen Hintergrund der ersten Hälfte des 20. Jahrhunderts ein düsteres Bild der Welt im Jahr 1984 – also einer Zeit, die für heutige Schüler bereits eine ferne Vergangenheit darstellt.

Die einleitende Kopiervorlage in diesem Abschnitt ermöglicht den Jugendlichen einen ersten Zugang zu Leben und Werk von George Orwell, mithilfe des zweiten Arbeitsblatts machen sie sich mit den literarischen Gattungen Utopie und Dystopie vertraut.

Unterrichtsschwerpunkte

- George Orwells Biografie und Schriften kennenlernen
- sich Wissen über die literarischen Gattungen Utopie und Dystopie aneignen

Zu den Kopiervorlagen

KV Seite 5

Der Autor von „1984"

George Orwells literarisches Schaffen ist eng mit den gesellschaftlichen Verhältnissen seiner Zeit verknüpft. Das führt diese Kopiervorlage den Schülern anhand von kurzen Texten vor Augen. Jeder der hier skizzierten Lebensphasen lässt sich ein Buchtitel zuordnen. Alle Schriften speisen sich aus Orwells persönlichen Erfahrungen und seiner kritischen Auseinandersetzung mit den damals aktuellen politischen Entwicklungen und Systemen.

In der ersten Aufgabe gewinnen die Jugendlichen einen punktuellen Überblick über Leben und Werk des Autors. Geben Sie evtl. Hinweise, um die Zuordnung zu erleichtern. Der Löwe und das Einhorn sind Symbole für das Vereinigte Königreich und stehen in Verbindung mit Orwells sozialistisch-patriotischem Engagement für sein Heimatland während des Zweiten Weltkriegs. Die beiden Romane „Animal Farm" und „1984" sind von Orwells Erfahrungen mit den totalitären Systemen des Nationalsozialismus und vor allem des Stalinismus geprägt. In Aufgabe 2 vertiefen die Schüler ihr Wissen in arbeitsteiliger Gruppenarbeit und stellen ihre Rechercheergebnisse der ganzen Klasse vor.

Lösung
Aufgabe 1:
Nach Abschluss seiner Schulzeit (...): Roman „Burmese Days"
Mit Mitte zwanzig (...): Erlebnisbericht „Down and out in Paris and London"
Im Dezember 1936 (...): Erfahrungsbericht „Homage to Catalonia"
Im Juni 1940 (...): Essay „The Lion and the Unicorn"
Von 1943 bis 1945 (...): Roman „Animal Farm"
Im Mai 1947 (...): Roman „1984"

KV Seite 6

Utopien und Dystopien

Mithilfe eines kurzen Sachtextes informieren sich die Schüler über Ursprung und Merkmale der beiden Gattungen. Indem sie Fragen beantworten und Beispiele für moderne Utopien bzw. Dystopien nennen – sei es in der Literatur oder im Film –, sichern sie ihre Textkenntnis und stellen einen Bezug zur eigenen Lebenswelt her.

Das abschließende Klassengespräch ermöglicht eine erste Annäherung an die Lektüre. Als Grundlage für ihre Vermutungen können die Jugendlichen auf das Cover, den Klappentext und ihr durch die Bearbeitung des Blattes „Der Autor von ‚1984'" erworbenes Wissen zurückgreifen.

Lösung
Aufgabe 2:
a) Der Begriff „Utopie" stammt aus dem Roman „Utopia" von Thomas Morus und bezeichnet dort einen fiktiven Inselstaat.
b) Sie beschreiben eine erfundene Gesellschaft in der Zukunft, die sich in einem besseren bzw. schlechteren Zustand befindet.
c) Sie wollen ihre Leser durch ein positives bzw. negatives Gegenbild zur Reflexion über die eigene Zeit und mögliche Verbesserungen bzw. Fehlentwicklungen anregen.
d) z. B. die Roman-Reihe „Die Tribute von Panem" („The Hunger Games" von Suzanne Collins), der Roman „Der Circle" („The Circle" von Dave Eggers); beide wurden auch verfilmt

Der Autor von „1984“

George Orwell verarbeitete in seinem literarischen Werk viele Erfahrungen mit den politischen und gesellschaftlichen Entwicklungen in der ersten Hälfte des 20. Jahrhunderts.

1. Lies die Textabschnitte über die verschiedenen Lebensphasen des Schriftstellers. Ordne ihnen anschließend die inhaltlich und zeitlich zugehörigen Buchtitel zu.

Nach Abschluss seiner Schulzeit diente George Orwell fünf Jahre lang der „Indian Imperial Police“ in Burma. •	• Roman „Animal Farm“
Mit Mitte zwanzig verdingte sich Orwell ein Jahr als Englischlehrer, Journalist und Tellerwäscher in Paris. 1930 und 1931 führte er ein Vagabundenleben in England und unternahm häufig Expeditionen ins East End, das Arbeiterviertel Londons, sowie zu den Hopfenpflückern in Kent. •	• Erfahrungsbericht „Homage to Catalonia“
Im Dezember 1936 reiste Orwell nach Barcelona, um als freiwilliger Soldat auf republikanischer Seite im Spanischen Bürgerkrieg zu kämpfen. •	• Roman „Burmese Days“
Im Juni 1940 trat Orwell der „Home Guard“ bei, einer Heimwehr, die in Großbritannien im Zweiten Weltkrieg zwischen 1940 und 1944 aktiv war. Im November 1943 musste er aus gesundheitlichen Gründen ausscheiden. •	• Roman „1984“
Von 1943 bis 1945 war Orwell als Literaturredakteur bei der Wochenzeitung „Tribune“ tätig. 1945 trat er eine Stelle als Kriegsberichterstatter für den „Observer“ und die „Manchester Evening News“ an. Am 8. Mai erlebte er in Deutschland den Tag der Befreiung, das Kriegsende in Europa. •	• Erlebnisbericht „Down and out in Paris and London“
Im Mai 1947 zog sich Orwell auf die Insel Jura vor der Westküste Schottlands zurück und schrieb in einem verlassenen Farmhaus ohne Strom und Telefon, inmitten einer Landschaft aus Heide, Torf und Moor, an seinem letzten Roman. •	• Essay „The Lion and the Unicorn“

2. Wählt eine Lebensphase und einen Titel aus Aufgabe 1 aus und recherchiert weitere Informationen dazu, z.B. zum Inhalt des Werks. Stellt die Ergebnisse euren Mitschülern vor.

Utopien und Dystopien

1. Lies den Text.

„Utopie“ ist die Bezeichnung für eine literarische Gattung und bedeutet wörtlich übersetzt „Nicht-Ort“. Der Begriff geht auf den Roman „Utopia“ des britischen Denkers Thomas Morus (1478–1535) zurück. Darin trägt eine fiktive Insel mit einer idealen Gesellschaft, die nach dem Vorbild von Platons „Staat“ (4. Jahrhundert v. Chr.) gestaltet ist, diesen Namen. Utopien beschreiben einen erfundenen Ort, meist in der Zukunft, an dem sich die Bevölkerung in einem besseren Zustand befindet als in der Gegenwart. Der Leser ist aufgefordert, darüber nachzudenken, ob man solche Verbesserungen nicht verwirklichen könnte.

Statt einen Idealzustand sozialer, politischer und wirtschaftlicher Verhältnisse zu konstruieren, kann ein Autor auch das Negativbild einer künftigen Welt entwerfen. In diesem Fall spricht man von einer Antiutopie oder Dystopie. Der Verfasser beobachtet problematische Tendenzen seiner eigenen Zeit, denkt sie weiter und „warnt“ so den Leser vor den möglichen Folgen aktueller Fehlentwicklungen.

Utopien und Dystopien werden nicht nur in Romanen, sondern auch in Filmen entworfen. Ein berühmtes Beispiel ist Fritz Langs Stummfilm „Metropolis“ aus dem Jahr 1927. Auch Computer- und Videospiele nutzen den Reiz solcher Gedankenexperimente. Viele Werke der Science-Fiction, egal für welches Medium, weisen Züge von Utopien und Dystopien auf.

2. Beantworte die Fragen jeweils in ein bis zwei Sätzen.

a) Woher stammt der Begriff „Utopie“?

____

____

b) Wovon handeln Utopien bzw. Dystopien?

____

____

c) Welches Ziel haben Utopien bzw. Dystopien?

____

____

____

d) Nenne ein Beispiel für eine moderne Utopie oder Dystopie. Du kannst im Internet recherchieren.

____

3. Handelt es sich bei „1984“ wohl um eine Utopie oder um eine Dystopie? Sprecht darüber.

1. Teil: Im Herzen von Ozeanien

Inhalt

(I) In diesem Kapitel lernt der Leser den Protagonisten Winston Smith, seine Wohnumgebung und die gesellschaftliche Atmosphäre im Überwachungsstaat Ozeanien kennen. Winston beschließt in seiner Mittagspause, ein Tagebuch zu beginnen. Beim Schreiben erinnert er sich an eine Begebenheit vom Vormittag während der *Two Minutes Hate* – einem Ritual zur Aufstachelung der Parteimitglieder gegen die Feinde von *Ingsoc*. Für einen kurzen Moment begegnete Winstons Blick dem von O'Brien, einem bedeutenden Angehörigen der Inneren Partei. Dieses Erlebnis hat in Winston die Hoffnung geweckt, in O'Brien einen Gleichgesinnten und möglichen Verbündeten im Widerstand gegen das System gefunden zu haben.

(II) Winston hilft seiner Nachbarin Mrs Parsons, einen Abfluss zu reinigen. Dabei wird er von ihren Kindern als *Thoughtcriminal* bezeichnet und bedroht. Wieder in seiner Wohnung schreibt er weiter ins Tagebuch. Er erkennt, dass er durch diese Tätigkeit bereits ein Verbrechen begeht, für das ihn die Partei töten wird. Bevor er an seinen Arbeitsplatz zurückkehrt, versteckt Winston das Tagebuch in einer Schublade. Er versieht es mit einem Staubkorn, damit er eine Entdeckung durch Spione des Systems sofort bemerkt.

(III) Nachts träumt Winston von seiner Mutter, einer idyllischen Landschaft, die er als Goldenes Land bezeichnet, und der dunkelhaarigen Frau, einer Kollegin aus dem *Ministry of Truth*. Er wird durch den *Telescreen* und den Appell zur Morgengymnastik für Parteimitglieder geweckt.

(IV) Winston beginnt seinen Arbeitstag im *Records Department*. Seine Tätigkeit besteht hauptsächlich darin, Zeitungsberichte im Sinne der Parteiideologie zu verändern, also die Vergangenheit zu verfälschen. An diesem Vormittag muss Winston einen Artikel der *Times* so umschreiben, dass eine im Text genannte Unperson nicht mehr darin vorkommt. Zu diesem Zweck erfindet Winston die Biografie eines parteitreuen Soldaten, der für seine besonderen Verdienste gewürdigt wird.

(V) In der Kantine trifft Winston auf den Philologen und *Newspeak*-Experten Syme. Dieser erzählt begeistert, wie die neue Sprache Ozeaniens funktioniert und wodurch sie der Umsetzung der Parteiideologie dient. Winston ist sich sicher, dass Syme eines Tages aufgrund seiner Intelligenz vaporisiert werden wird. Am Nachbartisch entdeckt er auf einmal die dunkelhaarige Frau, die ihm schon bei den *Two Minutes Hate* aufgefallen ist. Er erschrickt, denn er hält sie für eine Spionin und fühlt sich von ihr verfolgt.

(VI) Winston schreibt eine Erinnerung in sein Tagebuch: Vor drei Jahren hat er eine Prostituierte in einem Arbeiterviertel aufgesucht und war entsetzt, als er erkannte, dass es sich um eine alte, zahnlose Frau handelte. Der Leser erfährt außerdem, dass Winston mit der rigiden Katharine verheiratet ist, die Geschlechtsverkehr vor allem als eine Pflicht gegenüber der Partei betrachtet. Die beiden leben inzwischen getrennt.

(VII) Beim Tagebuchschreiben macht sich Winston Gedanken über die Arbeiter. Er hofft, dass sie eines Tages aufbegehren und die Partei stürzen werden. Dann erinnert sich Winston an eine Begebenheit, die ihm einen eindeutigen Beweis für die Vergangenheitsfälschung durch die Partei geliefert hat. Mitte der Sechzigerjahre waren drei angebliche Verräter verhaftet worden und hatten sämtliche Sabotageakte gestanden. Eines Tages fiel Winston jedoch ein Foto in die Hände, das im Widerspruch zu einer Aussage der Verhafteten stand. Der Protagonist bereut, dass er das Beweismittel damals sofort vernichtet hat.

(VIII) Während Winston durch ein Arbeiterviertel läuft, schlägt in der Nähe eine Raketenbombe ein. Etwas später findet er sich vor dem Laden wieder, in der er das Tagebuch erstanden hat. Er betritt das Geschäft und kauft einen gläsernen Briefbeschwerer mit einer Koralle. Anschließend zeigt ihm der Inhaber einen Raum im oberen Stockwerk. Winston fällt auf, dass es keinen *Telescreen* gibt und die Einrichtung an die Zeit vor der Machtübernahme der Partei erinnert. Ihm kommt die Idee, das Zimmer zu mieten. Auf dem Rückweg begegnet Winston zum dritten Mal innerhalb kurzer Zeit der dunkelhaarigen Frau. Jetzt ist ihm klar, dass es sich nicht um einen Zufall handeln kann. Er überlegt, die vermeintliche Spionin mit dem Briefbeschwerer zu erschlagen, verwirft den Gedanken aber wieder.

Unterrichtsschwerpunkte

- die Textkenntnis sichern
- Schaubilder ergänzen
- die Welt von „1984“ kennenlernen: Außen- und Innenpolitik, Arbeits- und Privatleben, Sprache, Gesellschaftsordnung (Partei vs. Proletariat)
- Figurenanalyse (Winston Smith)
- sich Wissen über Totalitarismus aneignen und auf den Roman übertragen

Zu den Kopiervorlagen

KV Seite 16

Winstons Welt

In Kapitel I gelingt es dem Erzähler, durch die Beschreibung von räumlichen Gegebenheiten und konkreten Gegenständen eine eindrückliche Atmosphäre von Winstons Lebensumfeld zu schaffen. Das lässt sich gut anhand einer grafischen Darstellung verdeutlichen. Die Schüler ergänzen zunächst das Schaubild und setzen sich anschließend mit zentralen Elementen der Gesellschaft von „1984“ auseinander: der Schlagzeile „BIG BROTHER IS WATCHING YOU“ und den staatlichen Mitteln zur Überwachung. Außerdem erhalten die Jugendlichen die Möglichkeit, sich selbst und das eigene Lebensumfeld in Beziehung zu Winstons Welt zu setzen, indem sie reflektieren, was ihnen daran vertraut und was ihnen fremd erscheint.

Greifen Sie im Anschluss an Aufgabe 2 den Gesprächs- und Schreibanlass „Pro und Kontra: Videoüberwachung“ (S. 14) auf. Mithilfe der Anregung „Memoryspiel“ in der Rubrik „Kreativ aktiv“ (S. 15) können die Schüler im Laufe der Lektüre ein Glossar mit den wichtigsten Begriffen von *Ingsoc* anlegen (z. B. *Thought Police*, *Newspeak*, *Doublethink*) und sich diese auf spielerische Weise einprägen.

Lösung

Aufgabe 1:

Victory Apartments, Erdgeschoss

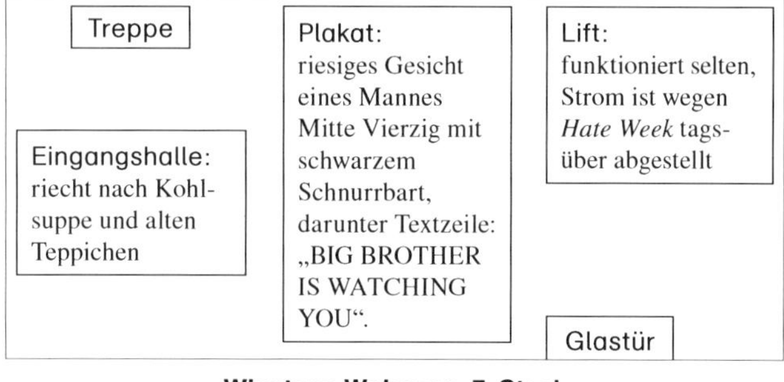

Winstons Wohnung, 7. Stock

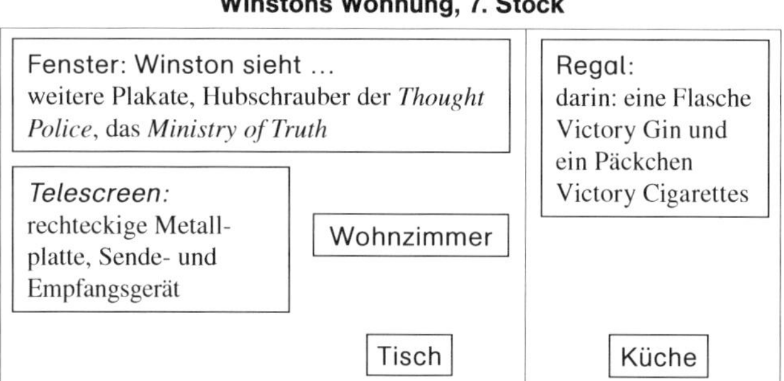

Aufgabe 2:

a) z. B. vertraut: Anordnung der Räume, Möbel (Eingangshalle, Treppe, Lift, Fenster, Regal, Tisch usw.); fremd: Plakat mit Schlagzeile „BIG BROTHER IS WATCHING YOU“, Hubschrauber der *Thought Police*, *Telescreen*

b) z. B. TV-Show *Big Brother*, Überwachungskameras

c) *Telescreens*, Hubschrauber der *Thought Police*

Der Machtapparat von Ozeanien

Anhand eines Schaubilds führen sich die Schüler vor Augen, wie die Regierung von Ozeanien aufgebaut ist. Sie beschreiben die Funktionen der vier Ministerien und vervollständigen die Parteiparolen. In der zweiten Aufgabe setzen sie sich genauer mit dem *Ministry of Love* auseinander. Abschließend machen sie sich die paradoxe Struktur der Regierung und ihrer Parolen bewusst und steigen damit in die kritische Reflexion der in „1984“ dargestellten Gesellschaft ein.

Lösung

Aufgabe 1:

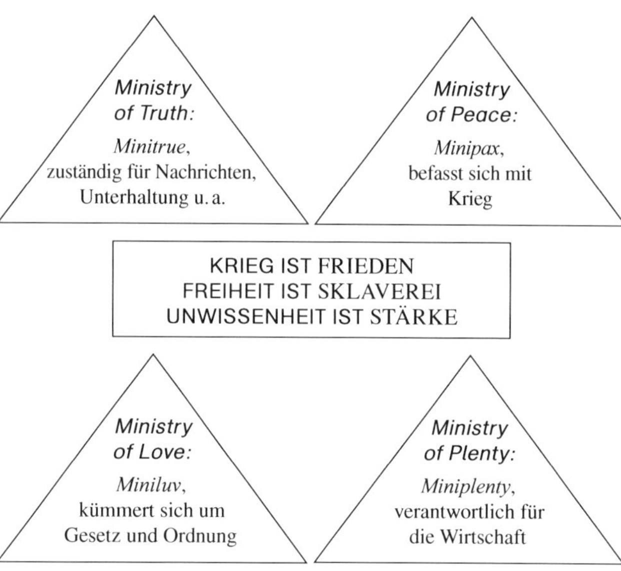

Aufgabe 2:

Das *Ministry of Love* hat keine Fenster, ist von Absperrungen umgeben und wird streng bewacht. Darin könnte sich ein Gefängnis befinden.

Aufgabe 3:

Die Bezeichnungen der Ministerien und die Parteiparolen sind in sich widersprüchlich. Sehr offensichtlich wird das am Beispiel des *Ministry of Peace*, das sich mit Angelegenheiten des Krieges befasst. Der paradoxe Charakter der übrigen Ministerien kristallisiert sich im Laufe des Romans immer stärker heraus: Das *Ministry of Truth* manipuliert die Wahrheit, das *Ministry of Love* setzt Gewalt und Folter ein und das *Ministry of Plenty* sorgt für Mangel und Armut in der Bevölkerung. In Goldsteins *The Book* werden die tatsächlichen Aufgaben der vier Ministerien benannt (siehe 2. Teil, Kapitel IX, S. 195 / 196).

KV Seite 18

Two Minutes Hate

Bereits zu Beginn des Romans taucht der Leser in die trostlose Atmosphäre von Winstons Lebensumfeld ein und lernt die Struktur des politischen Systems von Ozeanien kennen. Besonders eindrücklich ist die Szene, in der mit den *Two Minutes Hate* die Propagandamechanismen der Partei bloßgelegt und die Dynamik von Massenerfahrungen beschrieben werden. Durch die personale Erzählweise erlebt der Leser die Situation aus Winstons Perspektive und nimmt zum ersten Mal seine innere Zerrissenheit wahr.

Mithilfe einer Tabelle rekonstruieren die Schüler die Abfolge der Ereignisse und analysieren die Entwicklung der Stimmung im Publikum sowie das Erleben des Protagonisten. In der zweiten Aufgabe widmen sie sich einem Schlüsselmoment, dem Blickkontakt zwischen Winston und O'Brien. Diese Begegnung hat weitreichende Folgen für die Handlung: Sie zeigt die Möglichkeit eines gemeinschaftlichen Widerstands gegen das System auf und gibt Winston den entscheidenden Impuls für seinen ersten Akt der Rebellion (das Führen eines Tagebuchs).

Im Anschluss an die Auseinandersetzung mit den *Two Minutes Hate* bieten sich die beiden Gesprächs- und Schreibanlässe „Massenerfahrungen" sowie „Wichtige Figuren" (S. 14) an.

Lösung

Aufgabe 1:

Zeitpunkt	Was zeigt der *Telescreen*?	Wie ist die Stimmung im Publikum?	Was denkt und fühlt Winston?
Beginn	Gesicht von Emmanuel Goldstein	Angst und Abscheu, einzelne Pfiffe	Zwerchfell zieht sich zusammen, widersprüchliche Gefühle
dreißig Sek.	Kolonnen der eurasischen Armee marschieren auf	unkontrolliertes Wutgeschrei	–
zwei Min.	Goldstein und eurasische Armee	Hass steigert sich zu Raserei, körperlich sichtbare Erregung (Aufspringen, Erröten, Beben), „Angriffe" auf den *Telescreen*, Rausch aus Furcht und Rachsucht	wird entgegen seinem Vorsatz von Hass mitgerissen, wechselnde Gefühle: Hass gegen Goldstein und *Big Brother* wird zu Sympathie für Goldstein, dann zu Verehrung für *Big Brother*
Höhepunkt	Goldsteins Gesicht wird zu Schafsgesicht, dann zu Gesicht eines eurasischen Soldaten mit Maschinenpistole, dann zu Gesicht von *Big Brother*	Seufzer der Erleichterung	–
Ende	Gesicht von *Big Brother* verflüchtigt sich, die drei Parteislogans erscheinen auf dem Bildschirm	Anrufung *Big Brothers*: „Mein Retter!", Verfallen in tiefen, langsamen, rhythmischen Gesang: „B – B! … B – B!"	Eingeweide scheinen zu erkalten, Entsetzen; <u>für einen Moment begegnet Winstons Blick dem O'Briens</u>

Aufgabe 2:

Der Blickkontakt mit O'Brien weckt in Winston die Hoffnung, dass es Gleichgesinnte geben könnte. Er veranlasst ihn, das Tagebuch zu beginnen.

Die Weltordnung in „1984"

Diese Kopiervorlage rückt den Krieg zwischen den drei Supermächten und seine Auswirkungen auf die Bevölkerung von Ozeanien in den Mittelpunkt. Zunächst führen sich die Schüler das Verhältnis der drei Staaten anhand eines Schaubilds vor Augen. Die zweite Aufgabe macht den manipulativen Umgang der Partei mit der Realität deutlich, indem sie auf den Widerspruch zwischen der offiziellen Wahrheit und Winstons Erinnerung verweist. Im letzten Schritt untersuchen die Jugendlichen die Propaganda der Partei und die Auswirkungen des Krieges auf das Alltagsleben Winstons und seiner Mitmenschen.

Lösung

Aufgabe 1:

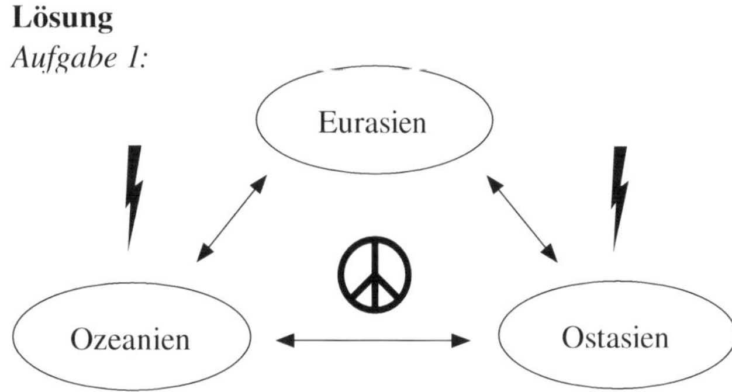

Aufgabe 2:

Offizielle Wahrheit / Wahrheit der Partei: Ozeanien war nie mit Eurasien verbündet.		Winstons Erinnerung: Vor vier Jahren war Ozeanien mit Eurasien verbündet.

Aufgabe 3:
z. B.

Kriegspropaganda	Alltagsleben
Im Kino werden nur Kriegsfilme gezeigt. (Kapitel I, S. 11) Bei den *Two Minutes Hate* werden Bilder von eurasischen Soldaten benutzt, um die Versammelten gegen den Feind aufzubringen. (Kapitel I, S. 16 und 19) Der *Telescreen* spielt Militärmusik, z. B. „Ozeanien über alles“. (Kapitel II, S. 30) Die Gymnastiktrainerin stachelt mit der Erinnerung an „unsere Jungs an der Malabar-Front“ zu stärkerer physischer Verausgabung an. (Kapitel III, S. 41)	Eurasische Kriegsgefangene werden öffentlich gehängt. (Kapitel II, S. 27) Lebensmittelrationen werden reduziert, z. B. die Schokoladenrationen. (Kapitel II, S. 30) Es besteht eine Knappheit an Gebrauchsartikeln, z. B. Rasierklingen, Knöpfen, Stopfgarn, Schnürsenkeln. (Kapitel V, S. 54/55) Als Winston in einem Arbeiterviertel unterwegs ist, schlägt in unmittelbarer Nähe eine Raketenbombe ein. (Kapitel VIII, S. 88)

KV Seite 20

Das Records Department
Hier stehen Winstons berufliche Tätigkeit und die Vorgänge im *Ministry of Truth* im Fokus. Mithilfe der ersten beiden Aufgaben sichern die Schüler ihre Textkenntnis, anschließend reflektieren sie den Umgang des *Records Department* mit der Wahrheit und sammeln Beispiele für ähnliche Vorgänge im 20. Jahrhundert.

Die intensive Auseinandersetzung mit den Inhalten von Kapitel IV versetzt die Jugendlichen in die Lage, einen Bezug zu aktuellen Phänomenen wie „Fake News“ herzustellen (siehe Gesprächs- und Schreibanlass „Das *Ministry of Truth* – eine moderne Version“, S. 14, und die Anregung „Wahrheit oder Lüge?“ in der Rubrik „Kreativ aktiv“, S. 15).

Lösung
Aufgabe 1:

a) Das *Records Department* gehört dem *Ministry of Truth* an.
b) Es versorgt die Bevölkerung mit Zeitungen, Filmen, Schulbüchern, *Telescreen*-Programmen, Spielen und Romanen.
c) Sie bestehen darin, Dokumente im Sinne der Ideologie zu verändern sowie Originale und „überholte“ Kopien zu vernichten.

Aufgabe 2:
Winston soll einen Artikel der *Times* komplett umschreiben, sodass Personen, die in Ungnade gefallen sind und „vaporisiert“ wurden (sogenannte Unpersonen), nicht mehr darin vorkommen. Winston denkt sich die Biografie des Soldaten Ogilvy aus und widmet den Artikel seinem Andenken.

Aufgabe 3:
Die Partei verfälscht nicht nur die Realität, sondern sie erfindet sie sogar neu: Die meisten Dokumente – ob Original oder Bearbeitung – gründen auf Fantasie. Somit wird die Existenz einer objektiven Realität bestritten, „Wahrheit“ wird beliebig und veränderbar. „Unbequeme“ Fakten können ausgeblendet werden, der Leser ist nicht mehr in der Lage, zwischen „wahr“ und „falsch“ zu unterscheiden.

Aufgabe 4:
Bücherverbrennung im nationalsozialistischen Deutschland, Fotomanipulation in der Sowjetunion unter Stalin

Newspeak
In Kapitel V begegnet Winston dem Philologen Syme, der die Vorzüge von *Newspeak* anpreist. Auf diesem Arbeitsblatt vollziehen die Schüler nach, wie die Entwicklung dieser neuen Sprache funktioniert und welches Ziel damit verbunden ist. Sie nehmen kritisch Stellung zu Symes Äußerungen und untersuchen, welche Gefahr die Reduktion des Wortschatzes einer Sprache birgt. Außerdem erfinden sie selbst Begriffe in *Newspeak*. Im Anschluss an die Bearbeitung des Blattes bietet sich die Anregung „Ein Gedicht in *Newspeak*“ aus der Rubrik „Kreativ aktiv“ (S. 15) an, bei der sich die Jugendlichen selbst als *Newspeak*-Übersetzer ausprobieren können.

Lösung
Aufgabe 1:

Newspeak	*Oldspeak*
ungut	schlecht
plusgut	besser
doppelplusgut	am besten

Aufgabe 3:
Entstehungsprinzip: *Newspeak* entsteht durch die Vernichtung von Wörtern im Bereich sämtlicher Wortarten (Verben, Adjektive, Substantive etc.). So werden zum Bei-

spiel Synonyme und Antonyme getilgt. Die Sprache soll bis auf ihr Skelett reduziert werden.
Ziel: die Einschränkung der Gedanken

Aufgabe 4:
Mit der ersten Aussage hebt Syme die Bedeutung der Sprache für die Umsetzung der Parteiideologie hervor. Indem die Partei alle „überflüssigen" Wörter tilgt, merzt sie auch alle „unnötigen" Gedanken aus. Die Sprache und das Denken werden vollständig auf die Ideologie „zugeschnitten". Die zweite Äußerung macht deutlich, wie sich Syme den idealen Bürger vorstellt: Dieser gibt das eigenständige Denken auf und ordnet sich komplett dem herrschenden System unter. Der scharfsinnige Syme spricht damit absurderweise sein eigenes Todesurteil aus.

Aufgabe 5:
Die Erfindung von *Newspeak* birgt die Gefahr, dass Differenziertheit und Tiefe nicht nur der Sprache, sondern des ganzen Denkens verloren gehen. Die Menschen verlernen das Denken, sie beherrschen nur noch *Duckspeak*: Sie quaken wie Enten, sprechen also, ohne zu denken. Die Menschen werden zu willenlosen „Automaten" ohne Bewusstsein.

KV Seite 22

Im Kreise der Lieben?

In den Kapiteln II und VI wird ein Themenkomplex aufgegriffen, der für Jugendliche eine wichtige Rolle spielt und sie besonders zur Auseinandersetzung motiviert: Liebe und Sexualität. Zum Einstieg erhalten die Schüler die Möglichkeit, ihre eigenen Erwartungen an eine Partnerschaft und an ein glückliches Familienleben zu äußern. Anschließend untersuchen sie die Darstellung dieser Themen im Roman anhand eines konkreten Beispiels (Besuch bei Familie Parsons, Winstons Ehe mit Katharine oder Winstons Besuch bei einer Prostituierten). Nun sind die Jugendlichen in der Lage, ihre Vorstellungen mit den in der Lektüre geschilderten Verhältnissen zu vergleichen.

In der letzten Aufgabe reflektieren sie den Einfluss der Partei auf Kindererziehung, Ehe und Sexualität, indem sie Regeln, Maßnahmen und Ziele der Partei aus dem Text herausarbeiten und in einer Tabelle bündeln.

Lösung

Aufgabe 2:

a) Mrs Parsons macht einen besorgten und nervösen Eindruck. Sie greift nicht ein, als die Kinder Winston mit einer Spielzeugpistole und einem Stück Holz bedrohen und ihn als *Thoughtcriminal* beschimpfen. Stattdessen entschuldigt sie den Lärm der Kinder mit deren Enttäuschung, dass sie heute nicht zum Hängen gehen. Als der Sohn mit einer Schleuder auf Winston schießt, besteht ihre einzige Reaktion darin, ihn in die Wohnung zurückzuschieben. Winston bedauert Mrs Parsons, denn er vermutet, dass ihre Kinder in ein bis zwei Jahren anfangen werden, sie zu bespitzeln. Er hält es für fast normal, dass Eltern ihre eigenen Kinder fürchten.
b) Winston beschreibt Katharine als gut aussehend (mit „wunderbaren Bewegungen" und einem „noblen" Gesicht), hält sie aber für unglaublich dumm. Trotz ihrer unreflektierten Haltung der Partei gegenüber hätte sich Winston mit dem Zusammenleben arrangieren können. Doch der Sex war für ihn unerträglich, da sich seine Frau dabei wie eine leblose Puppe verhielt. Dennoch beharrte sie darauf, einmal pro Woche mit ihm zu schlafen, um ihre „Pflicht" der Partei gegenüber zu erfüllen.
c) Winston beschreibt, wie das junge, stark geschminkte Gesicht einer Frau im Bahnhofsviertel ihn dazu bringt, mit der Frau mitzugehen, obwohl der Umgang mit Prostituierten verboten ist. Die Art und Weise, wie sie ihren Rock hochzieht, stößt ihn jedoch ab. Und als er die Lampe heller dreht und erkennt, dass es sich um eine alte, zahnlose Frau handelt, ist er entsetzt. Die Erinnerung ist Winston offensichtlich sehr unangenehm, denn er zögert, sie aufzuschreiben, presst seine Finger gegen die Augenlider und empfindet den Drang, laut zu schreien.

Aufgabe 4:

	Kindererziehung	Ehe	Sexualität
Regel/Maßnahme:	Kinder werden in der Jugendorganisation *Spies* im Sinne der Parteiideologie erzogen.	Eheschließungen müssen von einem Komitee genehmigt werden.	Fremdgehen unter Parteimitgliedern ist ein unverzeihliches Verbrechen.
Regel/Maßnahme:	Sie werden dazu animiert, die eigenen Eltern auszuspionieren und an die Partei zu verraten.	Eheschließungen werden verweigert, wenn gegenseitige körperliche Anziehung besteht.	Der Umgang mit Prostituierten aus dem Proletariat ist verboten, wird aber nicht ganz so streng geahndet.

Ziel:	Kinder dienen als hochwirksames Überwachungsinstrument, weil sie stets im privaten Umfeld aktiv sind.	Die Ehe dient allein der Zeugung von Kindern zum Nutzen der Partei.	Der Sexualakt soll von jedem Genuss befreit werden.

Das Proletariat

Die Gesellschaft in „1984" ist in zwei Klassen gespalten: die Parteimitglieder und das Proletariat. Die Haupt- und Nebenfiguren im 1. Teil des Romans gehören fast ausnahmslos der Partei an (Winston, die dunkelhaarige Frau, Syme und Parsons der Äußeren Partei, O'Brien der Inneren Partei). Doch den Arbeitern kommt eine wichtige Funktion zu: In Winstons Augen sind nur sie in der Lage, das System von *Ingsoc* zu stürzen. Indem die Schüler die Fragen auf dem Arbeitsblatt beantworten, fassen sie ihre Kenntnisse über das Proletariat zusammen.

Gehen Sie im Unterrichtsgespräch auf die Rolle des Proletariats bei Karl Marx ein, auf die Orwell hier eindeutig Bezug nimmt: In der Zweiklassengesellschaft des Kapitalismus sind die Proletarier die unterdrückte Klasse. Sie besitzen keine eigenen Produktionsmittel und müssen deshalb gezwungenermaßen Lohnarbeit verrichten. Ihnen schreibt Marx die Pflicht zu, die herrschende Klasse der Kapitalisten zu enteignen und langfristig eine kommunistische, klassenlose Gesellschaft herbeizuführen.

Lösung

1. Ihr Anteil beträgt 85 Prozent.
2. Er besucht eine Prostituierte (Kapitel VI) und kauft in Mr Charringtons Laden ein (Kapitel VIII).
3. Sie wachsen in der Gosse auf, beginnen mit zwölf zu arbeiten, heiraten mit zwanzig und sterben mit sechzig. Harte Arbeit, die Sorge um Heim und Kinder, Streitigkeiten mit Nachbarn, Filme, Fußball, Bier und vor allem Glücksspiel bilden ihren geistigen Horizont.
4. Die Arbeiter gelten als minderwertig und werden mit Tieren verglichen.
5. Die Arbeiter dürfen ihre Sexualität frei ausleben. Wechselnde Beziehungen stehen nicht unter Strafe, Scheidungen sind erlaubt.
6. Sie sind aus dem Bereich der Politik ausgeschlossen. Die Arbeiter sollen in Abhängigkeit gehalten und ihre Rebellion soll verhindert werden.
7. Er hofft, dass die Arbeiter die Revolution und den Sturz der Partei herbeiführen.

Winston Smith

Diese Kopiervorlage dient der Analyse des Protagonisten. Zunächst legen die Schüler einen Steckbrief mit allen äußeren Informationen über Winston Smith an. Anschließend widmen sie sich dem Innenleben des Protagonisten: seinem Verhältnis zur Partei bzw. zum politischen System von Ozeanien. Es zeigt sich, dass Winston in seinen Gedanken und Handlungen zwischen Anpassung und Rebellion schwankt, wobei gegen Ende des 1. Teils seine Bereitschaft zum aktiven Widerstand immer stärker zu werden scheint (Einkauf in Mr Charringtons Laden, Gedanken an O'Brien, Einträge ins Tagebuch). Die vorgegebenen Schlagworte sind als Hilfe für schwächere Schüler gedacht. In einer starken Lerngruppe können sie vor dem Kopieren abgedeckt werden.

Im Anschluss an die Bearbeitung des Blattes bietet sich das Verfassen einer Personenbeschreibung von Winston an (siehe „Gesprächs- und Schreibanlässe", S. 14).

Lösung

Aufgabe 1:
sozialer Status: Mitglied der Äußeren Partei
Beruf: Angestellter im *Records Department*
Familienstand: mit Katharine verheiratet, aber getrennt
Wohnort: London, Hauptstadt von Airstrip One, Victory Apartments
Alter: neununddreißig
Aussehen / körperliche Merkmale: mager, hellblondes Haar, rötliches Gesicht, spröde Haut, Krampfadern

Aufgabe 2:
Anpassung: wird bei den *Two Minutes Hate* vom Hass mitgerissen; Freude, Eifer und Ehrgeiz bei der Arbeit (Fälschung von Artikeln)
Widerstand: Kauf und Führen eines geheimen Tagebuchs („NIEDER MIT BIG BROTHER", S. 22); Hingezogenheit zu O'Brien (möglicher „Verbündeter"?); Besuch der Arbeiterviertel (Prostituierte, Mr Charringtons Laden); Träume von der Mutter, dem Goldenen Land und O'Brien

Was ist Totalitarismus?

Gegen Ende der Lektüre des 1. Teils haben sich die Schüler bereits ein umfassendes Bild von der Gesellschaft in „1984" machen können. Nun ist ein guter Zeitpunkt, um das Gelesene in einen größeren theoretischen Zusammenhang zu stellen. Die Kopiervorlage bietet einen Sachtext zum Thema „Totalitarismus". Dieser geht auf die Entstehung des Begriffs ein, führt die wichtigsten Merkmale auf und nennt Beispiele für totalitäre Systeme im 20. Jahrhundert. Die Jugendlichen untersuchen, worin sich totalitäre Tendenzen im Roman zeigen, und festigen und vertiefen auf diese Weise ihre Kenntnis des 1. Teils.

Die Textarbeit sollte zunächst einzeln, z. B. als Hausaufgabe, oder mit einem Partner erledigt werden. Sammeln Sie dann die Ergebnisse im Plenum und halten Sie sie ggf. in einer Tabelle mit der Überschrift „Ozeanien – ein totalitärer Staat" an der Tafel oder am Whiteboard fest. In der Lösung (siehe rechte Spalte und S. 14) sind aus Platzgründen für jedes Merkmal nur wenige Beispiele aufgeführt, häufig ließen sich zusätzliche Textstellen nennen. Sie können später erneut auf die Kopiervorlage bzw. die Tabelle zurückkommen, da im Laufe des Romans weitere totalitäre Aspekte Ozeaniens deutlich werden.

Unter „Gesprächs- und Schreibanlässe" sowie in der Rubrik „Kreativ aktiv" finden Sie einige Anregungen zum Thema „Totalitarismus" (S. 14 / 15): „Totalitarismus heute", „Totalitarismus-Vorwürfe in Deutschland", „Kurzreferate: Totalitäre Systeme des 20. Jahrhunderts" und „Digitaler Totalitarismus". Außerdem wird am Ende dieses Abschnitts eine Sammlung hilfreicher Webadressen zur Verfügung gestellt (S. 15).

Lösung

Aufgabe 1:

Der Begriff „totalitär" (von lat. „totus") bedeutet „ganz" oder „vollständig". (…) Der Staat kontrolliert sämtliche Lebensbereiche, sowohl gesellschaftliche (z. B. Wirtschaft, Religion und Erziehung) als auch persönliche (z. B. berufliche Tätigkeit, Familienleben und Freizeitgestaltung). Im Unterschied zu einer autoritären Diktatur verfolgt ein totalitäres System eine programmatische Ideologie mit bestimmten Zielen, die Punkt für Punkt abgearbeitet werden. Dazu gehört oft der Anspruch, einen „neuen Menschen" gemäß einem Idealbild zu schaffen. (…)

Totalitäre Herrscher erheben einen Alleinvertretungsanspruch, d. h. sie betrachten sich als alleinige und ausschließliche Besitzer politischer und religiöser „Wahrheiten". Damit einher geht ein Einparteiensystem. Die Ideologie der Partei wird der gesamten Bevölkerung vorgeschrieben. (…)

Ein weiteres wichtiges Element ist das Führerprinzip. Der Diktator nimmt eine überragende Stellung ein und legitimiert das totalitäre System. Er wird als messianischer, charismatischer und vom Schicksal ausersehener „Leader" verehrt und ist über jegliche Kritik erhaben.

Kennzeichnend für den Totalitarismus ist auch die ausgeprägte Feindbild-Rhetorik: Es wird streng zwischen „gut" und „böse", „richtig" und „falsch", „Freund" und „Feind" unterschieden. Abweichlern und Gegnern des politischen Systems begegnet man mit Aggressivität und Gewaltbereitschaft, die in Verfolgung und Terror münden können. Die Herrschenden rechtfertigen die Gewalt nach innen und außen defensiv, als rechtmäßigen Akt der Notwehr gegenüber „aggressiven Feinden".

Totalitäre Systeme richten sich gegen die Idee der Demokratie. Sie missachten die bürgerlichen Freiheitsrechte und unterdrücken das Individuum, indem sie die Rechte des Kollektivs darüber stellen.

Ein totalitärer Staat lässt die Bevölkerung überwachen, häufig durch eine Geheimpolizei. Außerdem hält er die Menschen dazu an, sich gegenseitig zu bespitzeln und zu verraten, damit potenzielle und tatsächliche Feinde bekämpft und ausgeschaltet werden können. Der Staat macht sich die Kontrolle über sämtliche Kommunikationsmittel (z. B. Radio, Fernsehen, Zeitung) für Propaganda und Selbstinszenierung zunutze. Neben den Medien dienen auch Massenorganisationen der politischen Beeinflussung und Mobilisierung der Beherrschten. (…)

Aufgabe 2:

Ozeanien – ein totalitärer Staat

Merkmale des Totalitarismus	Beispiele aus dem 1. Teil von „1984"
Kontrolle sämtlicher Lebensbereiche	Privat- und Berufsleben von Winston wird kontrolliert (z. B. Überwachung des Wohnbereichs, Kapitel I, und Vorgabe des Tagesablaufs durch *Telescreen*, z. B. verpflichtende Morgengymnastik, Kapitel III)
programmatische Ideologie	Ideologie von *Ingsoc* durchdringt sämtliche Lebensbereiche (z. B. Sexualmoral und Forderungen der *Junior Anti-Sex-League* zur Zeugung von Kindern durch künstliche Befruchtung, Kapitel VI)
Alleinvertretungsanspruch (Einparteiensystem)	es gibt nur eine Partei, die Opposition wird in den Untergrund gezwungen und als „Beschmutzer der Partei" verunglimpft (*Two Minutes Hate*, Kapitel I)
Führerprinzip	*Big Brother* als omnipräsenter und glorifizierter „Leader" (z. B. Plakate mit Porträt und Ablauf der *Two Minutes Hate*, Kapitel I)
Feindbild-Rhetorik, Gewalt gegen Andersdenkende	Emmanuel Goldstein (und *The Brotherhood*) sowie Eurasien (bzw. der jeweils aktuelle Kriegsgegner) als Hassobjekte, gegen die die Bevölkerung aufgehetzt wird (z. B. bei den *Two Minutes Hate*, Kapitel I)

Missachtung bürgerlicher Freiheitsrechte	eigenständiges, unabhängiges Denken ist unerwünscht und sogar unter Strafe gestellt (Winstons Angst vor Verhaftung beim Tagebuchschreiben, Kapitel I); Bewegungsradius ist eingeschränkt (z. B. Polizeistreifen in den Arbeitervierteln, Kapitel VIII); kein freies und selbstbestimmtes Leben möglich (z. B. Wahl des Partners aufgrund von Anziehung wird verweigert, Kapitel VI)
Überwachung (durch Geheimpolizei)	Überwachung durch *Telescreens* und *Thought Police*, die sich in Privatleitungen einschaltet (Kapitel I)
Anstachelung der Bevölkerung zu gegenseitiger Bespitzelung	Existenz von „Amateurspionen" (Kapitel I); Kinder, die ihre Eltern der *Thought Police* melden, werden zu „Kinderhelden" stilisiert (Kapitel II)
Nutzung der Medien für Propaganda und Selbstinszenierung	Verleumdungen des Feindes sowie Meldungen über kriegerische und wirtschaftliche „Erfolge" werden über *Telescreens* verbreitet (z. B. *Two Minutes Hate*, Kapitel I; Erklärung des *Ministry of Plenty* zu Erhöhung des Lebensstandards und Dankes-Demonstrationen, Kapitel V)
Mobilisierung durch Massenorganisationen	Jugendorganisationen *Spies* und *Youth League* dienen der Indoktrination der Kinder (die Kinder der Parsons, Kapitel II); Erwachsene sind in Komitees organisiert (Mr Parsons ist Mitglied im Sportausschuss, Kapitel II; Syme im Schachkomitee, Kapitel V)

Gesprächs- und Schreibanlässe

Pro und Kontra: Videoüberwachung

Was spricht für die Kontrolle öffentlicher Plätze durch Kameras, was dagegen? Sammelt im Klassengespräch Argumente und verfasst anschließend eine Erörterung.

Massenerfahrungen

Kennt ihr Situationen, in denen viele Menschen zusammenkommen und ähnliche Gefühle wie Winston und das Publikum bei den *Two Minutes Hate* durchleben? Welche Erfahrungen und Beobachtungen habt ihr in solchen Momenten gemacht? Was fühlte sich positiv an, was eher negativ? Tauscht euch im Plenum darüber aus.

Wichtige Figuren

Winston begegnet bei den *Two Minutes Hate* vier zentralen Figuren – virtuell und physisch: der dunkelhaarigen Frau, O'Brien, Emmanuel Goldstein und *Big Brother*. Wähle eine von ihnen aus. Was weißt du über sie? Wie ist ihr Verhältnis zu Winston? Welche Rolle könnte sie im weiteren Verlauf des Romans spielen? Schreibe einen Text.

Das *Ministry of Truth* – eine moderne Version

„‚Dieser Roman aus dem Jahr 1948 hat Trumps Amerika vorhergesagt' – so hört man es überall rufen. Und tatsächlich gibt es die eine oder andere Parallele. Vor allem die Angewohnheit des ‚Ministeriums für Wahrheit', die Geschichte immer wieder so umzuschreiben, dass sie ein positives Bild auf die Gegenwart und die aktuelle Regierung wirft, erinnert doch sehr an unser ‚postfaktisches' Zeitalter" – so heißt es in einem „Spiegel"-Artikel *(https://www.spiegel.de/tests/dystopien-in-der-literatur-die-besten-romane-a-00000000-0003-0001-0000-000001159250).* Tatsächlich nimmt der Roman Phänomene der Gegenwart vorweg, die unter den Schlagworten „Alternative Fakten" und „Fake News" zusammengefasst werden können. Was versteht man unter diesen Begriffen? Recherchiert im Internet, nennt jeweils ein Beispiel und stellt einen Bezug zum Inhalt von Kapitel IV her.

Personenbeschreibung: Winston

Verfasse auf der Grundlage deiner Ergebnisse vom Arbeitsblatt „Winston Smith" eine Personenbeschreibung des Protagonisten.

Totalitarismus heute

Welche Staaten der Gegenwart sind totalitär oder haben totalitäre Tendenzen? Tauscht euch darüber aus. Belegt eure Auswahl mit Argumenten.

Hinweise für Sie als Lehrkraft: Der Begriff „totalitär" trifft uneingeschränkt nur auf Nordkorea zu. Dort werden alle Bereiche des Lebens durch den Staat kontrolliert. In vielen anderen Ländern werden zumindest Teilbereiche vom Staat kontrolliert. In China und Iran ist z. B. die Meinungsfreiheit stark eingeschränkt. Auch Russland weist deutliche totalitäre Tendenzen auf (siehe dazu den Artikel von Annette Vowinckel: „Totalitarismus 2.0. Mit Hannah Arendt auf Putins Russland blicken", URL: *https://zeitgeschichte-online.de/themen/totalitarismus-20*).

Totalitarismus-Vorwürfe in Deutschland

Seit Sommer 2020 organisierte die Gruppe „Querdenken" Proteste gegen die Covid-19-Schutzmaßnahmen, die mit der Einschränkung von Grundrechten (Freiheit der Person, Versammlungsfreiheit und Freizügigkeit) einhergingen. Manche Demonstranten warfen Deutschland vor, ein totalitäres System zu sein. Sammelt Argumente, die diese Behauptung widerlegen.

Hinweise für Sie als Lehrkraft zu möglichen Argumenten:

- Die Maßnahmen schützten das Recht auf Leben sowie auf körperliche Unversehrtheit nach Art. 2 des Grundgesetzes und waren zeitlich beschränkt.
- Über die Regeln der Regierung durfte öffentlich kritisch gesprochen werden, Demonstrationen waren erlaubt.
- Protestierende wurden nicht für ihre Meinung bestraft, gefangen genommen oder gefoltert.
- Das Bundesverfassungsgericht entschied als unabhängige Instanz darüber, ob die Maßnahmen vom Grundgesetz gedeckt und der Notsituation angemessen waren.

Kreativ aktiv

Memoryspiel

Ingsoc hat ein eigenes Begriffssystem aus umgedeuteten und neu zusammengesetzten englischen Wörtern erschaffen. Sie sind in deiner Lektüre durch Kursivdruck hervorgehoben. Erstellt im Laufe der Lektüre ein Glossar mit den wichtigsten Ausdrücken (z. B. *Thought Police*, *Newspeak*, *Doublethink*) und ihren Erklärungen. Bastelt daraus ein Memoryspiel: Jeweils ein Begriff und seine Erklärung bilden ein Kartenpaar.

Wahrheit oder Lüge?

Suche im Internet Schlagzeilen und Meldungen heraus, von denen einige wahr, andere falsch sind, oder erfinde eigene. Dein Partner muss den Wahrheitsgehalt der Nachrichten überprüfen. Sprecht im Plenum darüber, wie man Fake News entlarven kann.

Ein Gedicht in *Newspeak*

Wählt ein bekanntes deutsches Gedicht oder Lied aus, z. B. Matthias Claudius' „Abendlied" („Der Mond ist aufgegangen") oder „Der Frühling ist die schönste Zeit" von Annette von Droste-Hülshoff. Versucht, dieses Gedicht in *Newspeak* zu übertragen. Lest eure Übersetzung der Klasse vor. Wodurch unterscheidet sich der Text vom Original? Welche Version gefällt euch besser?

Kurzreferate: Totalitäre Systeme des 20. Jahrhunderts

Auf dem Arbeitsblatt „Was ist Totalitarismus?" werden drei Beispiele für totalitäre Systeme genannt: der Faschismus in Italien, der Nationalsozialismus in Deutschland und der Kommunismus in der Sowjetunion. Wählt eines dieser Regime aus und stellt es euren Mitschülern in einem Kurzreferat vor. Legt euren Schwerpunkt auf die Frage: Was sind die totalitären Merkmale dieses Systems?

Digitaler Totalitarismus

Was steckt hinter diesem Begriff? Recherchiert im Internet. Diskutiert in der Klasse über die Fragen: Besteht heute die Gefahr eines digitalen Totalitarismus? Leben wir gar schon in einem Zeitalter des digitalen Totalitarismus, in dem Internetkonzerne wie Facebook und Google Einblicke in sämtliche Bereiche unseres Lebens haben und Kontrolle darüber ausüben? Wie können sich totalitäre Staaten die digitale Welt für ihre Zwecke zunutze machen? Gestaltet ein Plakat, auf dem ihr aktuelle und in Zukunft mögliche totalitäre Entwicklungen im digitalen Bereich darstellt.

Internetadressen

- Artikel „Totalitarismus" von Hans-Gerd Jaschke auf der Webseite der Bundeszentrale für politische Bildung: *https://www.bpb.de/themen/linksextremismus/dossier-linksextremismus/33699/totalitarismus/*
- Lexikoneintrag zum Stichwort „Totalitarismus" im Lernportal „Duden Learnattack": *https://learnattack.de/schuelerlexikon/geschichte/totalitarismus*
- Artikel „Totalitarismus in Theorie und Praxis" auf der Webseite „Frag Machiavelli": *https://www.frag-machiavelli.de/totalitarismus/*

Winstons Welt

1. Lies den Anfang des Romans bis S. 9: „Und es war nicht zuletzt diese ungewöhnliche Anlage des Zimmers, die ihn zu dem Vorhaben angeregt hatte, das er nun umsetzen wollte.“ Notiere zu jedem Element des Schaubilds Informationen aus dem Text.

Victory Apartments, Erdgeschoss

Treppe

Plakat:

____

____

____

____

____

____

____

Lift:

____

____

____

____

Eingangshalle:

____

____

____

Glastür

Winstons Wohnung, 7. Stock

Fenster: Winston sieht …

____

____

Regal:

____

____

____

____

Telescreen:

____

____

____

Wohnzimmer

Tisch

Küche

2. Beantworte folgende Fragen zum Anfang des Romans.

a) Welche Elemente aus Winstons Welt sind dir vertraut, welche fremd? Markiere im Schaubild.

b) Was fällt dir zu der Schlagzeile „BIG BROTHER IS WATCHING YOU“ ein?

c) Welche Mittel zur Überwachung und Kontrolle setzt die Regierung von Ozeanien ein?

Der Machtapparat von Ozeanien

1. Wie ist die Regierung aufgebaut? Ergänze das Schaubild.

a) Notiere die Namen der vier Ministerien in *Newspeak*.
b) Beschreibe die Zuständigkeitsbereiche der einzelnen Ministerien.
c) Vervollständige die drei Parteiparolen.

Ministry of Truth:

Ministry of Peace:

KRIEG IST ______________

FREIHEIT IST ______________

UNWISSENHEIT IST ______________

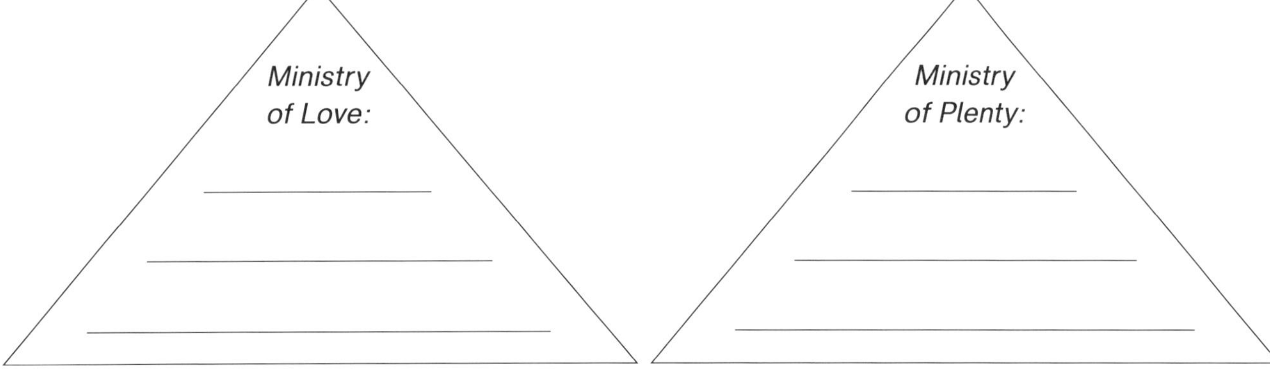

2. Wodurch unterscheidet sich das *Ministry of Love* von den anderen Ministerien? Was könnte sich darin befinden? Schreibe auf.

3. Was haben alle Namen der Ministerien und die Parteiparolen gemeinsam? Sprecht darüber.

Two Minutes Hate

BIG BROTHER IS WATCHING YOU

1. Wie laufen die *Two Minutes Hate* ab? Ergänze in jeder Spalte passende Informationen in Stichworten.

Zeitpunkt	Was zeigt der *Telescreen*?	Wie ist die Stimmung im Publikum?	Was denkt und fühlt Winston?
Der Hass hatte begonnen.			
Noch bevor dreißig Sekunden um waren …			
In der zweiten Minute …			
Der Hass erreichte seinen Höhepunkt.			
Am Ende der *Two Minutes Hate* …			

2. Ergänze das für Winston bedeutsame Ereignis an der passenden Stelle in der Tabelle. Was bewirkt es bei dem Protagonisten und welche Folgen hat es? Schreibe zwei Sätze.

Die Weltordnung in „1984“

1. In „1984“ gibt es drei Supermächte. Trage ihre Namen in das Schaubild ein. In welchem Verhältnis stehen die Mächte im 1. Teil, Kapitel III, zueinander? Zeichne passende Symbole.

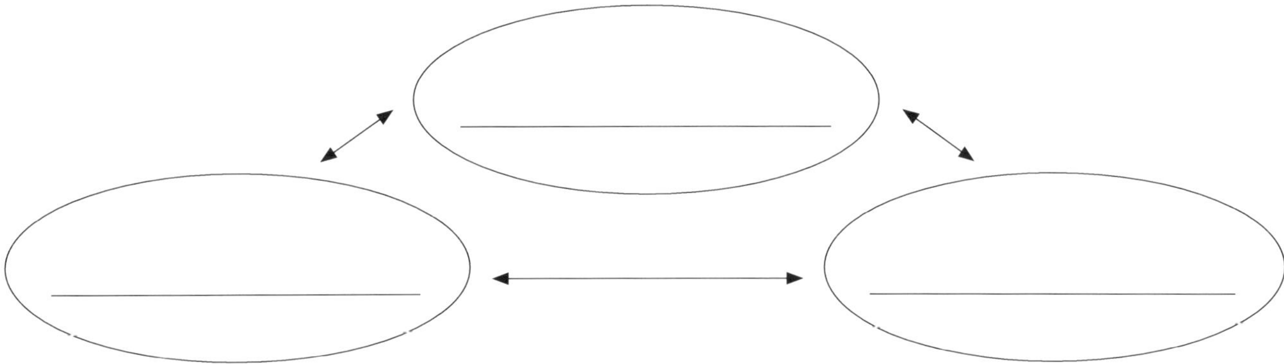

Der Krieg ist ein Dauerzustand in „1984“.

2. Zwei „Wahrheiten“ über den Krieg stehen im Widerspruch zueinander. Ergänze sie.

Offizielle Wahrheit / Wahrheit der Partei:

____

____

Winstons Erinnerung:

____

____

Der Krieg hat auch Einfluss auf das Leben Winstons, seiner Nachbarn und Kollegen.

3. Sammle für beide Bereiche jeweils drei bis vier Beispiele aus der Lektüre und trage sie mit Kapitel- und Seitenangabe in die Tabelle ein.

Kriegspropaganda	Alltagsleben

Das Records Department

1. Was passiert in Winstons Arbeitsstätte? Beantworte die Fragen.

a) Welchem Ministerium gehört das *Records Department* an?

b) Mit welchen Erzeugnissen befasst sich das *Records Department?*

c) Was sind die Hauptaufgaben der Mitarbeiter, denen alle übrigen Tätigkeiten untergeordnet sind?

2. Winston erhält an diesem Arbeitstag vier in *Newspeak* formulierte Aufträge. Beim letzten handelt es sich um einen „verzwickten und verantwortungsvollen Job". Schreibe auf, worin Winstons Aufgabe besteht und wie er sie löst.

3. Lies folgende Gedanken von Winston. Was wird hier über das Verhältnis der Partei zur Realität deutlich? Welche Gefahr zeigt sich darin? Sprecht darüber.

Aber eigentlich (...)
war es nicht einmal Fälschung. Es wurde lediglich eine Unsinnigkeit durch eine andere ersetzt. Das meiste Material, mit dem man es zu tun hatte, stand in keiner Verbindung zu irgendetwas in der realen Welt. Statistiken waren im Original genauso aus der Luft gegriffen wie in ihrer bearbeiteten Version.

In Ozeanien werden Texte und Bilder manipuliert und vernichtet, um das Bild der Vergangenheit und der Wirklichkeit zu ändern.

4. Kennt ihr ähnliche Vorgänge aus dem Europa des 20. Jahrhunderts? Nennt zwei Beispiele.

Newspeak

1. Welche drei Beispiele nennt Syme im 1. Teil, Kapitel V für *Newspeak*? Trage sie in die linke Spalte ein. Stelle ihnen dann in der rechten Spalte die Übersetzungen in *Oldspeak* gegenüber.

Newspeak	*Oldspeak*

2. Erfinde drei weitere Wörter in *Newspeak* und ergänze damit die Tabelle.

3. Wodurch unterscheidet sich *Newspeak* von allen anderen Sprachen? Erkläre das Entstehungsprinzip und das Ziel, das dahintersteht.

Entstehungsprinzip: ______________________________

____

____

____

____

Ziel: ______________________________

4. Was meint Syme mit folgenden Aussagen? Wie stellt er sich die Zukunft vor? Erkläre.

Die Revolution ist abgeschlossen, wenn die Sprache perfekt ist. *Newspeak* ist *Ingsoc* und *Ingsoc* ist *Newspeak*.	Linientreue bedeutet, nicht zu denken, es nicht nötig zu haben. Linientreue ist Unbewusstheit.

5. Welche Gefahr steckt in der Erfindung von *Newspeak*? Inwiefern bringt der *Newspeak*-Ausdruck *Duckspeak* diese Gefahr auf den Punkt? Nimm kritisch Stellung zu Symes Aussagen.

Im Kreise der Lieben?

1. Was gehört für dich unbedingt zu einer gelingenden Partnerschaft und zu einem glücklichen Familienleben? Notiere Stichworte.

Partnerschaft: ______________________________

____

Familienleben: ______________________________

____

2. Wähle eines der Themen aus. Schreibe einen Text und beantworte dabei die Fragen.

a) Familie Parsons (1. Teil, Kapitel II): Wie verhält sich Mrs Parsons, wie geht sie mit ihren Kindern um? Was vermutet Winston, wie sich die Beziehung zwischen ihnen entwickeln wird? Was denkt er über die Beziehung zwischen Kindern und Eltern im Allgemeinen?
b) Winstons Ehe mit Katharine (1. Teil, Kapitel VI): Wie beschreibt Winston seine Frau? Was empfindet er für sie? Wie läuft ihr Eheleben ab?
c) Winstons Besuch bei einer Prostituierten (1. Teil, Kapitel VI): Wie beschreibt Winston die Begegnung mit der Prostituierten? Was empfindet Winston bei der Erinnerung an das Erlebnis?

3. Vergleicht die Texte zu Aufgabe 2 mit euren eigenen Vorstellungen von Partnerschaft und Familie (Aufgabe 1). Welche Gemeinsamkeiten gibt es, wo liegen die größten Unterschiede?

4. Welchen Einfluss hat die Partei in „1984“ auf Kindererziehung, Ehe und Sexualität? Formuliere ein Parteiprogramm mit den wichtigsten Regeln und Zielen für jeden Bereich.

	Kindererziehung	Ehe	Sexualität
Regel / Maßnahme:			
Regel / Maßnahme:			
Ziel:			

Das Proletariat

Was erfährst du im 1. Teil über die Arbeiter? Beantworte die Fragen in ganzen Sätzen.

1. Wie groß ist der Anteil der Arbeiter an der Bevölkerung Ozeaniens?

2. Welche Berührungspunkte hat Winston mit den Arbeitern (abgesehen von Passanten)?

3. Wie wird das Leben der Arbeiter beschrieben (Lebensstationen, Alltag, größte Freude)?

4. Als was gelten die Arbeiter in den Augen der Partei? Womit werden sie verglichen?

5. Welche Freiheiten werden den Arbeitern im Unterschied zu den Parteimitgliedern eingeräumt?

6. Von welchem Lebensbereich sind die Arbeiter bewusst ausgeschlossen? Warum wohl?

7. Welche Hoffnung setzt Winston ins Proletariat?

Winston Smith

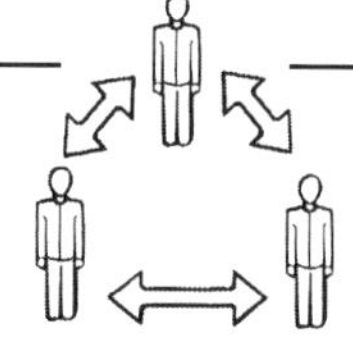

1. Ergänze den Eintrag über den Protagonisten im Personenverzeichnis der Partei.

sozialer Status: ______

Beruf: ______

Familienstand: ______

Wohnort: ______

______

Alter: ______

Aussehen / körperliche Merkmale: ______

______

2. In welchen Gedanken und Handlungen zeigt sich Winstons Anpassung, in welchen sein Widerstand? Sammle Beispiele.

Tagebuch | *Two Minutes Hate* | O'Brien | Arbeit | Proletariat | Träume

Anpassung:

______

______

______

______

______

______

______

______

______

______

Widerstand:

______

______

______

______

______

______

______

______

______

______

Was ist Totalitarismus?

i

1. Lies den Text und klärt unbekannte Begriffe. Markiere dann die wichtigsten Merkmale des Totalitarismus.

Der Begriff „totalitär“ (von lat. „totus“) bedeutet „ganz“ oder „vollständig“. In einer totalitären Diktatur sind die Menschen vollständig dem staatlichen System unterworfen. Der Staat kontrolliert sämtliche Lebensbereiche, sowohl gesellschaftliche (z. B. Wirtschaft, Religion und Erziehung) als auch persönliche (z. B. berufliche Tätigkeit, Familienleben und Freizeitgestaltung). Im Unterschied zu einer autoritären Diktatur verfolgt ein totalitäres System eine programmatische Ideologie mit bestimmten Zielen, die Punkt für Punkt abgearbeitet werden. Dazu gehört oft der Anspruch, einen „neuen Menschen“ gemäß einem Idealbild zu schaffen.

Der Begriff „totalitär“ wurde 1923 erstmals politisch verwendet: Der italienische Journalist und Staatskritiker Giovanni Amendola bezeichnete den Faschismus unter Benito Mussolini als *sistema totalitario*, also als „totalitäres System“. Die Faschisten übernahmen den Begriff und besetzten ihn positiv.

Totalitäre Herrscher erheben einen Alleinvertretungsanspruch, d. h. sie betrachten sich als alleinige und ausschließliche Besitzer politischer und religiöser „Wahrheiten“. Damit einher geht ein Einparteiensystem. Die Ideologie der Partei wird der gesamten Bevölkerung vorgeschrieben. Selbstständiges Denken, Reflexion und Diskussion sind nicht erwünscht. Stattdessen soll die Weltanschauung des totalitären Systems kritiklos übernommen werden. Idealerweise richten die Bürger ihr Handeln und Denken danach aus.

Ein weiteres wichtiges Element ist das Führerprinzip. Der Diktator nimmt eine überragende Stellung ein und legitimiert das totalitäre System. Er wird als messianischer, charismatischer und vom Schicksal ausersehener „Leader“ verehrt und ist über jegliche Kritik erhaben.

Kennzeichnend für den Totalitarismus ist auch die ausgeprägte Feindbild-Rhetorik: Es wird streng zwischen „gut“ und „böse“, „richtig“ und „falsch“, „Freund“ und „Feind“ unterschieden. Abweichlern und Gegnern des politischen Systems begegnet man mit Aggressivität und Gewaltbereitschaft, die in Verfolgung und Terror münden können. Die Herrschenden rechtfertigen die Gewalt nach innen und außen defensiv, als rechtmäßigen Akt der Notwehr gegenüber „aggressiven Feinden“.

Totalitäre Systeme richten sich gegen die Idee der Demokratie. Sie missachten die bürgerlichen Freiheitsrechte und unterdrücken das Individuum, indem sie die Rechte des Kollektivs darüber stellen.

Ein totalitärer Staat lässt die Bevölkerung überwachen, häufig durch eine Geheimpolizei. Außerdem hält er die Menschen dazu an, sich gegenseitig zu bespitzeln und zu verraten, damit potenzielle und tatsächliche Feinde bekämpft und ausgeschaltet werden können. Der Staat macht sich die Kontrolle über sämtliche Kommunikationsmittel (z. B. Radio, Fernsehen, Zeitung) für Propaganda und Selbstinszenierung zunutze. Neben den Medien dienen auch Massenorganisationen der politischen Beeinflussung und Mobilisierung der Beherrschten.

Beispiele für totalitäre Systeme des 20. Jahrhunderts sind der Faschismus in Italien unter Benito Mussolini (1925–1943), der Nationalsozialismus in Deutschland unter Adolf Hitler (1933–1945) und der Kommunismus in der Sowjetunion unter Josef Stalin (1924–1953). Diese drei Regime fallen in die Lebenszeit von George Orwell (1903–1950), der mit „1984“ zu einem der frühesten und bekanntesten Kritiker des Totalitarismus wurde.

2. Welche dieser Eigenschaften weist Ozeanien im ersten Teil von „1984“ auf? Lege eine Tabelle mit Textbeispielen an (inklusive Kapitel- und ggf. Seitenangabe).

2. Teil: Zu zweit gegen das System

Inhalt

(I) Als Winston und die dunkelhaarige Frau einander im Gang des *Ministry of Truth* entgegenkommen, stolpert die vermeintliche Spionin und fällt auf ihren verletzten Arm. Winston hilft ihr auf. Dabei schiebt die junge Frau ihm ein Stück Papier in die Hand. Zurück in seiner Kabine entfaltet Winston den Zettel und liest darauf die Worte: „Ich liebe dich." Ab diesem Zeitpunkt sucht er nach einem Weg, mit der Frau in Kontakt zu treten und ein Treffen zu vereinbaren. Schließlich ergibt sich in der Kantine eine Gelegenheit für ein kurzes Gespräch. Die beiden verabreden sich nach Dienstschluss auf dem Victory Square. Dort gelingt es der Frau inmitten einer Menschenmenge, Winston Anweisungen für ein weiteres Treffen zu geben.

(II) Der Ort der nächsten Zusammenkunft liegt außerhalb von London gut geschützt in einem Wald. Zunächst stellt sich die Frau Winston als Julia vor und die beiden tauschen sich darüber aus, was sie vor der Kontaktaufnahme voneinander gehalten haben. Anschließend teilen sie ein Stück Schokolade, das Julia auf dem Schwarzmarkt erstanden hat. Als das Paar zum Waldrand läuft, erkennt Winston den Ort als das Goldene Land aus seinen Träumen wieder. Nachdem sie dem Gesang einer Drossel gelauscht haben, kehren die beiden zu ihrem Versteck im Wald zurück und schlafen miteinander.

(III) Winston und Julia treffen sich von nun an regelmäßig und lernen sich immer besser kennen. Es stellt sich heraus, dass Julia die Partei und ihre Vorschriften hasst, weil diese sie daran hindern, ihre sexuellen Bedürfnisse frei auszuleben. Sie folgt der Devise: Brich die Regeln, so gut es geht, aber lass dich bloß nicht dabei erwischen. Julia erkennt den Zusammenhang zwischen der rigiden Sexualmoral und dem Erfolg von *Ingsoc*: Die unterdrückten Triebe werden „umgelenkt" in Kriegsbegeisterung und Führerverehrung.

(IV) Das Liebespaar hat einen neuen Treffpunkt gefunden: das Zimmer über Mr Charringtons Laden. Trotz der leicht ramponierten Einrichtung und der Wanzen im Bett genießen die beiden ihre ungestörte Zweisamkeit. Doch bei einem ihrer Treffen taucht plötzlich eine Ratte auf. Winston gerät in Panik und fühlt sich in einen Albtraum zurückversetzt. Darin steht er vor einer Wand aus Dunkelheit, hinter der sich etwas Schreckliches befindet.

(V) Inmitten der Vorbereitungen für *Hate Week* treffen sich Winston und Julia weiter an ihrem Zufluchtsort über Mr Charringtons Laden. Sie spielen mit dem Gedanken, sich an der aktiven Rebellion gegen *Ingsoc* zu beteiligen und zu diesem Zweck Kontakt mit O'Brien aufzunehmen. Dennoch wird in ihren Gesprächen deutlich, dass ihre Einstellungen gegenüber der Partei sehr unterschiedlich sind: Während sich Julias Widerstand auf den privaten Bereich beschränkt, hegt Winston die Hoffnung auf eine gesamtgesellschaftliche Veränderung in der Zukunft.

(VI) In diesem Kapitel kommt es endlich zu der von Winston ersehnten Begegnung mit O'Brien. Letzterer gibt Winston seine Adresse mit der Aufforderung, bei Gelegenheit ein Vorausexemplar der neusten Auflage des *Newspeak*-Wörterbuchs bei ihm abzuholen. Winston deutet dies als Beweis, dass die Verschwörung gegen *Ingsoc* tatsächlich existiert und O'Brien ihn als Komplizen gewinnen will.

(VII) Ein Traum von seiner Mutter weckt bei Winston Kindheitserinnerungen: Einmal hat er seiner kleinen Schwester ein Stück Schokolade gestohlen und ist damit aus dem Haus gerannt. Bei seiner Rückkehr waren die Mutter und das Kind verschwunden. Für Winston besaß seine Mutter eine Würde und Menschlichkeit, die er auch bei den Arbeitern erkennt. Mit Julia spricht er über diese Gedanken und darüber, was sie im Fall einer Verhaftung tun würden: Geständnisse ablegen, aber einander nicht verraten. Julia überzeugt Winston davon, dass die Partei das „Innerste" des Menschen nicht bezwingen kann.

(VIII) Winston und Julia suchen O'Brien auf, um sich dem organisierten Widerstand gegen *Ingsoc* anzuschließen. O'Brien testet den Grad ihrer Opferbereitschaft durch ein Verhör, in dem er ihr Einverständnis zu verschiedenen grausamen Taten im Dienst der *Brotherhood* abfragt. Winston und Julia sind zu allem bereit, außer dazu, sich zu trennen und einander nie wiederzusehen. Außerdem informiert O'Brien die beiden über die Vorgehensweisen des Geheimbundes und erklärt Winston, wie er ihm ein Exemplar von Goldsteins Buch zukommen lassen will.

(IX) Während der *Hate Week* tritt ein Kurswechsel in der Kriegsstrategie Ozeaniens ein: Nicht mehr Eurasien, sondern Ostasien ist nun der Feind. Wie alle anderen Mitarbeiter des *Ministry of Truth* arbeitet Winston eine Woche lang unermüdlich daran, sämtliche Dokumente im Sinne der neuen „Wahrheit" zu korrigieren. Als diese Aufgabe erledigt ist, begibt er sich in das Zimmer über Mr Charringtons Laden und liest in Goldsteins Buch. Darin erfährt er zwar viel über die Methoden von *Ingsoc*, versteht aber noch immer nicht, zu welchem Zweck diese eingesetzt werden.

(X) Das Liebespaar erwacht in seinem Geheimversteck. Im Hof erblickt Winston eine singende Arbeiterin, die in ihm die Hoffnung auf eine Revolution des Proletariats weckt. Plötzlich ertönt eine Stimme aus der Wand: Hinter einem Bild verbirgt sich ein *Telescreen*. Uniformierte Männer stürmen das Gebäude, schlagen Julia nieder und tragen sie hinaus. Kurz darauf betritt Mr Charrington das Zimmer und Winston wird klar, dass er einem Mitglied der *Thought Police* gegenübersteht.

Unterrichtsschwerpunkte

- die Textkenntnis sichern
- die Beziehung des Protagonisten zu Julia untersuchen
- Figurenanalyse (Julia)
- sprachliche Analyse: Metaphern und Vergleiche
- das Motiv „Goldenes Land" untersuchen
- einen literarischen Topos *(locus amoenus)* kennenlernen und auf die Lektüre beziehen
- ein Schaubild ergänzen

Zu den Kopiervorlagen

Die Frau mit dem dunklen Haar

Im 2. Teil von „1984" gewinnt die Figur der dunkelhaarigen Frau – Julia – an Bedeutung: Winston und Julia werden ein Liebespaar. Mithilfe dieses Arbeitsblatts vollziehen die Schüler nach, wie sich Winstons Verhältnis zu Julia durch die Begegnung im Gang wandelt. Während er ihr im 1. Teil misstrauisch, ja feindlich gesinnt war und sogar in Betracht zog, sie umzubringen, leitet die Liebeserklärung Julias eine Kehrtwende ein. Jetzt spürt er Verlangen nach ihr und sucht den Kontakt.

Im Anschluss an die Bearbeitung des Blattes setzen sich die Jugendlichen mit der ersten Verabredung von Winston und Julia auseinander (siehe Gesprächs- und Schreibanlass „Die Verabredung", S. 30).

Lösung

Aufgabe 1:

Bei den *Two Minutes Hate:* Ich kann sie nicht ausstehen. Sie ist bestimmt eine Amateurspionin oder gehört zur *Thought Police.*

In der Kantine: Verfolgt sie mich oder ist es reiner Zufall, dass sie zwei Tage hintereinander so dicht bei mir saß?

Vor Mr Charringtons Laden: Sie muss mir gefolgt sein. Ich könnte ihr auf den Fersen bleiben und ihr den Kopf einschlagen. Aber ich bin nicht kräftig genug. Besser, ich laufe nach Hause.

Aufgabe 2:

Die Frau stolpert und fällt auf ihren verletzten Arm. Winston hilft der Kollegin auf. Dabei schiebt sie ihm ein Stück Papier in die Hand. Zurück in seiner Kabine liest Winston darauf die Worte: „Ich liebe dich."

Aufgabe 3:

Gefühle: Erregung, körperliches Verlangen

Wunsch: Kontakt aufnehmen und ein Treffen vereinbaren

Befürchtungen beim Ausbleiben der Frau: sie ist vaporisiert oder versetzt worden, hat Selbstmord begangen, es sich anders überlegt

KV Seite 33

Das Goldene Land

Der Ort im Wald, an dem sich Winston und Julia in Kapitel II heimlich treffen, taucht schon zuvor in Winstons Träumen auf. Die Schüler nähern sich diesem zentralen Motiv des Romans zuerst auf der Beschreibungsebene an, indem sie Metaphern und Vergleiche aus dem Text herausarbeiten. In einem weiteren Schritt wird das Motiv des Goldenen Landes in eine literarische Tradition gestellt: die des *locus amoenus*. Zuletzt machen sich die Jugendlichen Gedanken über die Bedeutung und Funktion des Goldenen Landes im Kontext des Romans: Es stellt einen Gegenentwurf zur Welt von *Ingsoc* dar.

Unter „Gesprächs- und Schreibanlässe" sowie „Kreativ aktiv" finden Sie weitere Anregungen zum Motiv des Goldenen Landes bzw. zu Kapitel II: „Ein Sieg über die Partei" (S. 30) und „Landschaftsgemälde" (S. 31).

Lösung

Aufgabe 1:

z. B. Beispiel 1: Seen von Gold (S. 117) (weitere Wasser-Metaphern und -Vergleiche: ein Meer von Glockenblumen, S. 117; der Gesang der Drossel als Flüssigkeit, die Winston übergießt, S. 124)

Wirkung: durch die Wasser-Metaphern bzw. -Vergleiche wird eine friedliche, sorglose, idyllische Stimmung erzeugt

Beispiel 2: Die Luft schien seine Haut zu küssen. (S. 117)

Wirkung: Metapher nimmt den Kuss, die Liebesbegegnung von Winston und Julia vorweg

Beispiel 3: Zweige der Ulmen wogen wie Frauenhaar (S. 123)

Wirkung: Vergleich erzeugt romantische Stimmung, Anspielung auf eine Liebesbegegnung

Aufgabe 2:
Der *locus amoenus* ist ein Ort in der Natur, der als ideal schön beschrieben wird. Meist gehören ein Hain, eine Quelle oder ein Bach sowie Blumen und Vogelgesang dazu. Häufig treffen hier Liebende zusammen. Der Ort aus dem Roman weist all diese Merkmale auf: den lichtdurchfluteten Wald, einen fließenden Bach, Glockenblumen und den Gesang der Drossel. Auch er dient einem Liebespaar als Treffpunkt.

Aufgabe 3:
Der Ort taucht zum ersten Mal in einem Traum Winstons auf (1. Teil, Kapitel III, Seite 35). Darin kommt Julia über die Wiese auf Winston zu. Sie zieht sich aus und wirft ihre Kleidung zur Seite. Mit dieser Geste scheint sie *Big Brother*, die Partei und die *Thought Police* auszulöschen.

Aufgabe 4:
z. B. Zufluchtsort, Utopie, Winstons verlorene Kindheit, Gegenwelt zu Winstons Alltagswelt / zur Welt der Partei

KV Seite 34

Wer ist Julia?
Diese Kopiervorlage dient der Analyse der zweiten Hauptfigur, Winstons Freundin Julia. Von außen betrachtet ist Julia ein mustergültiges Parteimitglied, doch in ihrem Innern sieht es ganz anders aus. Nachdem die Schüler ein paar Eckdaten zu Julias Person in einem Steckbrief festgehalten haben, befassen sie sich näher mit ihrer Lebenseinstellung und ihrem Verhältnis zur Partei. Anhand einer Äußerung Winstons nehmen die Jugendlichen kritisch Stellung zu Julias zwar widerständiger, aber eigennütziger und naiver Haltung.

Die Auseinandersetzung mit dieser Figur kann durch folgende Anregungen vertieft werden: „Personenbeschreibung: Julia" (unter „Gesprächs- und Schreibanlässe", S. 30) sowie „Winston widerspricht" (unter „Kreativ aktiv", S. 31).

Lösung
Aufgabe 1:
sozialer Status: Mitglied der Äußeren Partei
Beruf: Angestellte im *Fiction Department*
Familienstand: ledig
Wohnort: London, Heim mit dreißig anderen Frauen
Alter: sechsundzwanzig
Aussehen / körperliche Merkmale: groß, schlank, kurzes dunkles Haar, Sommersprossen, großer roter Mund, hellbraune Augen
besondere Leistungen: Kapitänin der Hockeymannschaft, zweimalige Gewinnerin des Turnpokals, Gruppenführerin bei den *Spies*, Sekretärin einer Abteilung der *Youth League*, Mitglied der *Junior Anti-Sex-League*

Aufgabe 2:
z. B. Ich verhalte mich überangepasst, aber das ist nur ein Schutz. Eigentlich hasse ich die Partei. Das Leben sieht doch so aus: Jeder will Spaß haben, die Partei will einen davon abhalten. Also bricht man die Regeln so gut, wie man kann.

Aufgabe 3:
Julias Widerstand gegenüber der Partei dient nur dem Eigeninteresse und dem freien Ausleben ihrer sexuellen Bedürfnisse. Sie setzt sich nicht tiefer mit der Politik auseinander und übt keine generelle Kritik an der Partei. An die Existenz und den möglichen Erfolg eines organisierten Widerstands glaubt sie nicht. Risiken geht sie nur für etwas ein, das in ihren Augen lohnend ist (z. B. Liebesaffären). Sie hat kein Geschichtsbewusstsein und interessiert sich nicht für die Zukunft der Gesellschaft. Julia durchschaut die Parteipropaganda, der Unterschied zwischen Wahrheit und Lüge spielt für sie aber keine Rolle. Sie gibt sich den Anschein von Linientreue, ohne sich mit der Weltanschauung der Partei zu beschäftigen.

KV Seite 35

Das Zimmer bei Mr Charrington
Ähnlich wie Winstons Wohnung (1. Teil, Kapitel I) wird das Versteck des Liebespaars (2. Teil, Kapitel IV) detailliert beschrieben. Auch hier bietet sich eine grafische Darstellung an, die die Schüler mit Informationen aus der Lektüre vervollständigen. Anschließend vergleichen sie den neuen Treffpunkt von Winston und Julia mit dem Goldenen Land und stellen erneut einen Bezug zum *locus amoenus* her. Dabei zeigt sich, dass der Topos im Fall von Mr Charringtons Zimmer leicht abgewandelt wird. Störende Elemente (verschlissene Möbel, Wanzen, Schnulze ...) nehmen das Erscheinen der Ratten vorweg (Aufgaben 3 und 4). Gehen Sie im Klassengespräch auch auf das Kapitelende und die Bedeutung des Briefbeschwerers ein (siehe Gesprächs- und Schreibanlass „Der Briefbeschwerer", S. 30).

Kommen Sie nach der kompletten Lektüre des 2. Teils noch einmal auf die vierte Aufgabe zurück: Die Ratte hat ihre Schnauze genau unterhalb des Bildes aus der Wand gesteckt. Wären Winston und Julia der Sache auf den Grund gegangen, hätten sie womöglich den *Telescreen* entdeckt. Die Ratten verweisen also auch darauf, dass das Paar die Bedrohung von außen nicht wahrnimmt bzw. ausblendet.

Um vor der Auseinandersetzung mit den Kapiteln zu O'Brien (Kapitel VI und VIII) Kapitel VII im Unterricht Raum zu geben, lassen sich die Gesprächs- und Schreibanlässe „Winstons Kindheitserinnerungen", „Der Traum von der Mutter" und „Was ist Würde?" (S. 30) nutzen.

Lösung

Aufgabe 1:

Bett:	Fenster:	Klapptisch:
riesiges Mahagonibett, mit ausgefransten Decken und einem unbezogenen Kopfkissen bedeckt, von Wanzen bevölkert	Winston sieht und hört … singende Frau, die zwischen einem Waschbottich und einer Wäscheleine hin- und hergeht.	darauf steht der gläserne Briefbeschwerer mit der Koralle

Bild:	Sessel:	Kamin:
Stahlstich in Edelholzrahmen, zeigt die Kirche St Clement Danes	niedrig, gammelig, ramponiert	auf dem Sims: Uhr mit Glasaufsatz und Zwölf-Stunden-Anzeige, auf dem Schutzgitter: Petroleumkocher, Kochtopf und zwei Tassen

Aufgabe 2:

Parallelen: Sicherheit, Privatheit, Zufluchtsort, Gegenwelt zur Alltagswelt, Treffpunkt eines Liebespaars, Gesang der Drossel – Gesang der Frau

Unterschiede: „ramponierter“ Charakter der Gegenstände, Ungeziefer (Wanzen), Gesang ist nicht reiner und zweckloser Selbstausdruck, sondern eintönige Schnulze des *Music Department*, auch wenn die Sängerin sie durch ihre Hingabe „fast in schöne Musik“ verwandelt

das Motiv des *locus amoenus* wird hier nicht in „Reinform“ aufgegriffen, sondern leicht verfremdet

Aufgabe 3:

Aus einem Loch in der Wandvertäfelung schaut eine Ratte. Winston reagiert panisch und fühlt sich in einen Albtraum versetzt, in dem er vor einer Wand aus Dunkelheit steht, hinter der sich etwas Schreckliches befindet.

Aufgabe 4:

Die Ratten symbolisieren einen Einbruch in das Idyll, eine Bedrohung von Winstons und Julias Liebesverhältnis durch *Ingsoc*.

O'Brien und The Brotherhood

Mithilfe dieses Arbeitsblatts rekapitulieren die Schüler die Geschehnisse, die zu Winstons und Julias Verbündung mit O'Brien und zu ihrem Eintritt in die *Brotherhood* führen (Kapitel VI und VIII). Die moralische Skrupellosigkeit, die die beiden hier an den Tag legen, steht im Kontrast zu ihrem Gespräch über Würde und Menschlichkeit in Kapitel VII. Das machen sich die Jugendlichen in der dritten Aufgabe bewusst. Daran anknüpfend bietet sich eine Diskussion über die Aussage „Der Zweck heiligt die Mittel“ an (siehe entsprechender Gesprächs- und Schreibanlass, S. 30).

Abschließend entscheiden die Schüler über den Wahrheitsgehalt verschiedener Aussagen über *The Brotherhood*.

Lösung

Aufgabe 1:

a) Über die elfte Auflage des *Newspeak*-Wörterbuchs.

b) O'Brien gibt Winston seine Adresse.

c) Winston und Julia suchen O'Brien auf, um sich der *Brotherhood* anzuschließen.

Aufgabe 2:

z. B. Er fordert von ihnen, ihr Leben zu opfern, Morde zu begehen und Sabotageakte auszuüben. Sie sind nicht bereit, sich zu trennen und einander nie wiederzusehen.

Aufgabe 3:

In Kapitel VII sprechen Winston und Julia darüber, was es heißt, im Angesicht von Folter „menschlich zu bleiben“: den eigenen Gefühlen treu zu sein und einander nicht zu verraten. Im Privaten streben die beiden also Menschlichkeit und Treue an. Politisch aber sind sie bereit, die Grenzen der Moral zu überschreiten, um die Partei zu stürzen.

Aufgabe 4:

	wahr	falsch
1. Mitglieder der *Brotherhood* (…)	x	
2. Die Ziele und Aufgaben (…)		x
3. Alle Mitglieder der *Brotherhood* (…)		x
4. Wenn man gefasst wird (…)		x
5. Die Festnahme, das Geständnis (…)	x	
6. Wahrnehmbare Veränderungen (…)	x	
7. Voraussetzung für die (…)	x	

KV Seite 37

Gefasst

Diese Kopiervorlage widmet sich Kapitel X, in dem mit dem Satz „Wir sind die Toten.“ und der Antwort „Ihr seid die Toten.“ ein Wendepunkt bzw. der erste Höhepunkt der Handlung eintritt. Das Kapitel zerfällt somit in zwei Teile: die Zeit vor der Entdeckung durch die *Thought Police* und die Geschehnisse, die darauf folgen. Die Schüler führen sich zunächst die entgegengesetzte Stimmung der beiden Abschnitte vor Augen und setzen sich dann näher mit ihrem Inhalt auseinander. In der ersten Kapitelhälfte entwickelt Winston eine Vision vom Aufbau einer neuen Welt durch die Arbeiter, in der zweiten Hälfte wird seine und Julias Welt durch die Verhaftung zum Einsturz gebracht.

Greifen Sie im Anschluss an Aufgabe 4 noch einmal den Briefbeschwerer auf (siehe Gesprächs- und Schreibanlass „Der Briefbeschwerer“, rechts): Welche symbolische Bedeutung hat es, dass dieser für Winston so kostbare Gegenstand durch die uniformierten Männer zerstört wird?

Lösung

Aufgabe 1:
Wir sind die Toten.

Aufgabe 2:
erster Abschnitt (blau): Lebendigkeit, Helligkeit, Schönheit, Gleichheit, Arbeiter, Hoffnung, Gesang, Vernunft
zweiter Abschnitt (rot): Zerstörung, Lärm, Schmerzen, Machtgefälle, Schwärze, Gewalt, Tod

Aufgabe 3:
z. B. Die Durchhaltekraft und der Gesang der Frau im Hof zeigen, dass die Arbeiter stark sind. Irgendwann werden sie sich über ihre Situation bewusst werden, sich erheben und eine neue Welt des gesunden Menschenverstands, der Gleichheit und der Vernunft erschaffen.

Aufgabe 4:
Was befindet sich hinter dem Bild? – ein *Telescreen*
Wer hat aufgehört zu singen? – die Frau im Hof
Welcher besondere Gegenstand wird zerstört? – der Briefbeschwerer
Wer bekommt einen Tritt gegen den Knöchel? – Winston
Wen tragen die Männer wie einen Sack hinaus? – Julia
Wer ist Mr Charrington in Wahrheit? – ein Mitglied der *Thought Police*

Gesprächs- und Schreibanlässe

Die Verabredung
In Kapitel I gelingt es Winston und der dunkelhaarigen Frau, sich an einem öffentlichen Ort zu verabreden. Beschreibe die Verabredung. Beantworte dabei folgende Fragen: Wo und wann treffen sich Winston und die Frau? Was findet an diesem Ort gerade statt? Worüber sprechen die beiden? Wie nehmen sie körperlich Kontakt auf?

Ein Sieg über die Partei
Lies die letzten Sätze von Kapitel II (S. 127): „Ihre Umarmung war ein Kampf gewesen, ihr gemeinsamer Höhepunkt ein Sieg über die Partei. Es war ein politischer Akt.“ Wessen Perspektive wird hier wiedergegeben? Was ist mit der Aussage gemeint? Erkläre.

Personenbeschreibung: Julia
Verfasse auf der Basis deiner Ergebnisse vom Arbeitsblatt „Wer ist Julia?“ eine Personenbeschreibung der Figur.

Der Briefbeschwerer
Welche Bedeutung hat der Briefbeschwerer, den Winston in Kapitel VIII des 1. Teils von Mr Charrington erwirbt? Warum ist Winston davon so fasziniert? Wie ist es zu deuten, dass Winston kurz überlegt, den Gegenstand als Mordinstrument einzusetzen (1. Teil, Kapitel VIII)? Auf welche Idee bringt ihn ein Traum vom Briefbeschwerer (2. Teil, Kapitel IV)? Wofür stehen der Briefbeschwerer und die Koralle, die sich darin befindet (2. Teil, Kapitel IV)? Sucht relevante Textstellen heraus und sprecht darüber.

Winstons Kindheitserinnerungen
Sowohl im 1. als auch im 2. Teil des Romans erinnert sich Winston immer wieder an seine Kindheit oder träumt davon. Fasse in Stichworten zusammen, was du in Kapitel III des 1. Teils und in Kapitel VII des 2. Teils über Winstons damaliges Lebensumfeld, seine Familienmitglieder und deren Schicksal erfährst.

Der Traum von der Mutter
Wovon handelt Winstons Traum in Kapitel VII? Was erscheint Winston daran besonders wichtig? Welche zentralen Eigenschaften der Mutter stehen mit ihrer Geste in Verbindung? Wem in der Gesellschaft schreibt Winston ähnliche Eigenschaften zu? Sprecht darüber.

Was ist Würde?
Lies folgende Sätze aus dem Roman: „Gezählt hatten persönliche Beziehungen, und eine Umarmung, eine Träne oder ein letztes Wort zu einem Sterbenden hatten ihren Wert in sich selbst besessen“ (Kapitel VII, S. 169). Was haben diese Dinge gemeinsam? Unter welchem Begriff würdest du sie zusammenfassen?

Erkläre an einem Beispiel aus deinem eigenen Leben, was du unter „Würde“ verstehst. Tauscht euch in der Klasse über eure Ansichten aus.

Der Zweck heiligt die Mittel
Julia und Winston sind zu allen möglichen grausamen Taten bereit, sofern diese dazu beitragen, dass die Partei auf lange Sicht untergeht. Wie denkt ihr darüber? Rechtfertigen hehre Ziele den Einsatz unrechtmäßiger Methoden? In welchen Situationen könnte das gelten? Stellt einen Bezug zu historischen oder aktuellen politischen Bewegungen her (z. B. zur terroristischen Vereinigung RAF oder zum Aktivistenbündnis „Letzte Generation“).

The Book

In Kapitel IX liest Winston in Emmanuel Goldsteins berühmtem Buch, in dem die Entstehung und die Grundsätze von *Ingsoc* analysiert werden. Was steht im ersten und dritten Kapitel von Goldsteins Buch? Erarbeite die Inhalte mit einem Partner.

a) Einige dich mit deinem Partner, wer welches Kapitel übernimmt. Fasse die Informationen zu deinem Kapitel in aussagekräftigen Stichworten zusammen.
b) Lies anschließend die Notizen deines Partners zu seinem Kapitel.
c) Sprecht über eure Ergebnisse und klärt offene Fragen.
d) Notiere, was du von deinem Partner über sein Kapitel erfahren hast.

Hinweise für Sie als Lehrkraft (Beispiellösung):
Kapitel I: Unwissenheit ist Stärke

- grundlegende weltweite Gesellschaftsstruktur: die Oberen, die Mittleren, die Unteren
- Veränderungen im 18. und 19. Jahrhundert: durch technische Neuerungen scheint allgemeiner Wohlstand möglich; Entstehung sozialistischer Gesellschaftsentwürfe: Idee der Gleichheit aller Menschen; Revolutionen
- Entwicklungen in den 30er-Jahren des 20. Jahrhunderts: neue Oberschicht verteidigt ihre Position mit unrechtmäßigen Methoden; technische Innovationen (Rundfunk, Film, Kameras, Abhörtechnik) führen zu neuen Möglichkeiten der Manipulation und Kontrolle; Einheitspartei und politisches Programm von *Ingsoc* entstehen
- Gesellschaftsordnung unter *Ingsoc:*

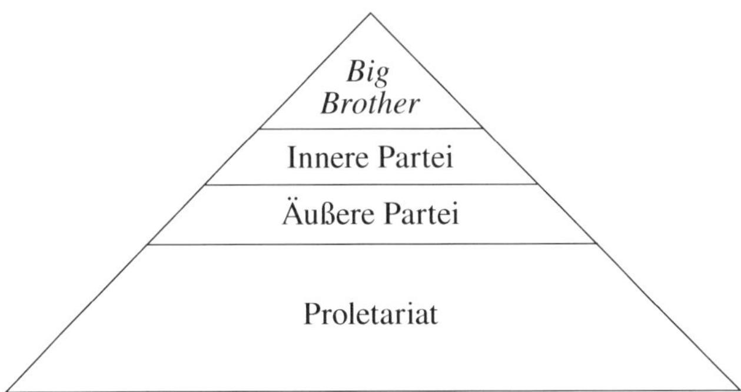

- wichtigste geistige Techniken unter *Ingsoc: Crimestop* und *Doublethink. Crimestop* = mit dem Denken aufhören, sobald unerwünschte Gedanken aufkommen; *Doublethink* = zwei sich widersprechende Dinge gleichzeitig glauben, z. B. Veränderung / Verfälschung der Vergangenheit und Behauptung der Unveränderbarkeit der Geschichte

Kapitel III: Krieg ist Frieden

- Hauptzweck des Krieges seit den 50er-Jahren: kontrollierte Zerstörung der menschlichen Produktion und Bewahrung der Armut und Unwissenheit der eigenen Bevölkerung
- Kriegstaktik der Supermächte nach außen: Bilden von wechselnden Allianzen; Kriegsschauplätze an den Rändern der Supermächte; Gebietsgrenzen schwanken, aber Gleichgewicht der Mächte bleibt bestehen
- Kriegstaktik der Supermächte nach innen: Schüren von Kriegshysterie und Hass gegen jede Andersartigkeit
- Lebensbedingungen der Bevölkerung: allgemeiner Mangel; ständige Angst vor feindlichen Angriffen; Arbeiter leben in Zustand der Lethargie; kein Gedanke an Widerstand möglich
- Auswirkungen des Krieges auf die Partei und ihre Mitglieder: stabilisierende Wirkung auf Partei; Erwartung an Parteimitglied: Kompetenz, Fleiß und ein gewisses Maß an Intelligenz auf der einen Seite, Leichtgläubigkeit und Fanatismus auf der anderen Seite; Folge: perfektes Beherrschen der Technik des *Doublethink*
- politische Systeme der Supermächte: *Ingsoc* in Ozeanien, *Neo-Bolschewismus* in Eurasien und *Death-Worship* in Ostasien; Gemeinsamkeit: pyramidale Struktur und Vergöttlichung eines Führers

Kreativ aktiv

Landschaftsgemälde

Wie sieht das Goldene Land aus? Male ein Bild. Greife auf die Beschreibungen in Kapitel II und auf deine Ergebnisse vom Arbeitsblatt „Das Goldene Land" zurück.

Winston widerspricht

Versetze dich an die Stelle des Protagonisten und versuche, Julia von der Wichtigkeit politischer Meinungsbildung zu überzeugen. Schreibe deine Argumente auf. Denkt euch in Partnerarbeit ein mögliches (Streit-)Gespräch zwischen Winston und seiner Freundin aus, übt es ein und spielt es euren Mitschülern vor.

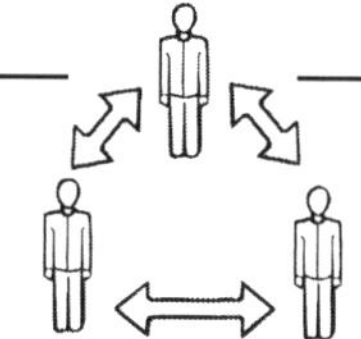

Die Frau mit dem dunklen Haar

Im 1. Teil begegnet Winston mehrmals der dunkelhaarigen Frau.

1. Nummeriere die einzelnen Begegnungen in der chronologischen Reihenfolge und ergänze jeweils Winstons Gedanken dazu.

☐ Bei den *Two Minutes Hate:*

☐ In der Kantine:

☐ Vor Mr Charringtons Laden:

Zu Beginn des 2. Teils trifft Winston im Gang erneut auf die dunkelhaarige Frau.

2. Schildere die Begegnung und Winstons anschließende Entdeckung in wenigen Sätzen.

3. Welche Reaktionen löst die Botschaft der Frau bei Winston aus? Notiere in Stichworten.

Gefühle: ______

Wunsch: ______

Befürchtungen beim Ausbleiben der Frau: ______

Das Goldene Land

Winston und Julia treffen sich an einem geschützten Ort auf dem Land.

1. Der Erzähler benutzt viele Metaphern und Vergleiche, um den Ort zu beschreiben. Nenne drei Beispiele mit Seitenangabe und notiere ihre Wirkung.

Beispiel 1: Seen von Gold (Seite 117)

Wirkung: ____________________

____

Beispiel 2: ____________________

Wirkung: ____________________

____

Beispiel 3: ____________________

Wirkung: ____________________

____

Ein Hauptmotiv der idealisierenden Naturschilderung seit der Antike ist der *locus amoenus*.

2. Informiere dich im Internet über den *locus amoenus*. Verfasse eine kurze Definition. Erkläre dann, welche Merkmale eines *locus amoenus* der Ort von Winstons und Julias Zusammenkunft aufweist.

____

____

____

____

____

____

____

3. Winston kommt der Ort des Treffens bekannt vor. Wo taucht er zum ersten Mal auf? Nenne Kapitel und Seite. Fasse Inhalt und Kontext der Textstelle kurz zusammen.

4. Wofür könnte das Goldene Land stehen? Welche Funktion hat es innerhalb des Romans? Sprecht darüber.

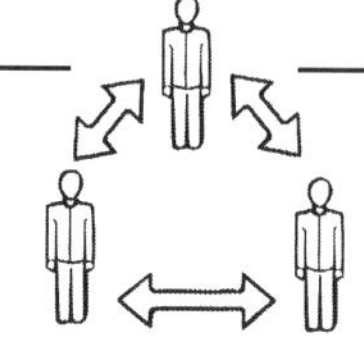

Wer ist Julia?

1. Ergänze den Eintrag über Winstons Freundin im Personenverzeichnis der Partei.

sozialer Status: ______

Beruf: ______

Familienstand: ______

Wohnort: ______

Alter: ______

Aussehen / körperliche Merkmale: ______

______

besondere Leistungen: ______

______

______

______

2. Fasse Julias Lebenseinstellung und ihre Haltung zur Partei aus ihrer Perspektive zusammen.

Winston nennt Julia im 2. Teil, Kapitel V „eine Rebellin von der Hüfte abwärts" (S. 158).

3. Was meint er damit? Erkläre. Nimm dann kritisch Stellung zu Julias Haltung gegenüber der Partei.

Das Zimmer bei Mr Charrington

1. Beschreibe die Einrichtung von Winstons und Julias Geheimversteck. Lies dafür im 1. Teil, Kapitel VIII (S. 94–96) und im 2. Teil, Kapitel IV (S. 138/139) nach. Notiere zu jedem Element des Schaubilds Informationen aus dem Text.

Bett:

____

____

____

____

____

____

Fenster:

Winston sieht und hört …

____

____

____

____

____

Klapptisch:

____

____

____

____

Kamin:

____

____

____

____

____

____

Bild:

____

____

____

____

Sessel:

____

____

____

2. Welche (atmosphärischen) Parallelen zum Goldenen Land weist das Zimmer von Mr Charrington auf? Wo liegen Unterschiede? Sprecht darüber und stellt einen Bezug zum *locus amoenus* her.

3. Wodurch wird die Idylle in Mr Charringtons Zimmer gestört? Wie reagiert Winston auf die Störung? Schreibe zwei Sätze.

____

____

____

____

4. Wofür könnten die Ratten symbolisch stehen? Sprecht darüber.

O’Brien und The Brotherhood

1. Beantworte die Fragen zu der Begegnung zwischen Winston und O’Brien (2. Teil, Kapitel VI) in Stichworten bzw. kurzen Sätzen.

a) Worüber unterhalten sich die beiden? ______

b) Was wird übergeben? ______

c) Welche Folge hat die Begegnung? ______

______

2. Was fordert O’Brien Winston und Julia ab, um ihre Loyalität zur *Brotherhood* zu prüfen (2. Teil, Kapitel VIII)? Nenne drei Beispiele. Wozu sind die beiden nicht bereit? Notiere.

______

______

______

3. Nimm kritisch Stellung zu Julias und Winstons Zugeständnissen an O’Brien vor der Folie ihres Gesprächs im 2. Teil, Kapitel VII (S. 170 / 171). Inwiefern zeigen sich hier Unterschiede zwischen privatem und politischem Handeln?

Im Gespräch mit O’Brien erfahren Winston und Julia einiges über *The Brotherhood.*

4. Welche Aussagen sind wahr, welche falsch? Kreuze an.

	wahr	falsch
1. Mitglieder der *Brotherhood* müssen Befehle ausführen, ohne zu wissen, worum es geht.		
2. Die Ziele und Aufgaben der *Brotherhood* sind transparent.		
3. Alle Mitglieder der *Brotherhood* kennen sich untereinander.		
4. Wenn man gefasst wird, kann man sich auf die Unterstützung durch die *Brotherhood* verlassen.		
5. Die Festnahme, das Geständnis und der anschließende Tod sind unvermeidlich.		
6. Wahrnehmbare Veränderungen werden nicht innerhalb der eigenen Lebenszeit, sondern erst Generationen später erwartet.		
7. Voraussetzung für die Mitgliedschaft ist die Lektüre von Goldsteins *The Book.*		

Gefasst

Das Kapitel X des 2. Teils zerfällt in zwei Abschnitte.

1. Welcher Satz markiert die Grenze zwischen den beiden Abschnitten und den entscheidenden Wendepunkt in der Handlung? Schreibe ihn auf.

____

2. Welche Nomen passen zu welchem Abschnitt? Markiere: blau = erster Abschnitt, rot = zweiter Abschnitt.

Lebendigkeit | Helligkeit | Zerstörung | Schönheit | Gleichheit | Lärm | Arbeiter

Schmerzen | Hoffnung | Machtgefälle | Schwärze | Gesang | Gewalt | Vernunft | Tod

3. Welche Vision entwickelt Winston im ersten Abschnitt des Kapitels? Was verleitet ihn zu diesen Überlegungen? Fasse seine Gedanken in eigenen Worten zusammen. Die Nomen aus Aufgabe 2 geben dir Anhaltspunkte.

____

____

____

____

____

4. Ordne den Fragen zum zweiten Abschnitt des Kapitels die passenden Antworten zu.

Fragen	Antworten
Was befindet sich hinter dem Bild? •	• Julia
Wer hat aufgehört zu singen? •	• Winston
Welcher besondere Gegenstand wird zerstört? •	• ein *Telescreen*
Wer bekommt einen Tritt gegen den Knöchel? •	• die Frau im Hof
Wen tragen die Männer wie einen Sack hinaus? •	• ein Mitglied der *Thought Police*
Wer ist Mr Charrington in Wahrheit? •	• der Briefbeschwerer

3. Teil: Der Ort, an dem es keine Dunkelheit gibt

Inhalt

(I) Nach seiner Verhaftung findet sich Winston in einer fensterlosen und hell ausgeleuchteten Zelle im *Ministry of Love* wieder. Er hat sein Zeitgefühl verloren und leidet an Hunger und Durst. Nach und nach werden verschiedene Gefangene hereingebracht, darunter Winstons Kollege Ampleforth und sein Nachbar Parsons, der von seiner Tochter an die *Thought Police* verraten wurde. Alle Insassen werden nach einer Weile in Zimmer 101 abgeführt, wogegen sie sich teils heftig sträuben. Schließlich betritt O'Brien die Zelle und Winston begreift, dass dieser für die Partei arbeitet. Nach einem kurzen Wortwechsel mit O'Brien wird Winston von einem Wärter niedergeschlagen.

(II) Winston ist auf einem Bett festgeschnallt und kann sich nicht bewegen. Er musste in seiner Zeit im *Ministry of Love* schon viele Folterungen und Befragungen über sich ergehen lassen und hat alle möglichen Verbrechen gestanden. O'Brien tritt an das Bett und betätigt den Regler einer Apparatur, die eine Schmerzwelle durch Winstons Körper jagt. Später zeigt er Winston das Foto, in dem dieser einen Beweis für die Fälschung der Vergangenheit gesehen hat, wirft es in ein Gedächtnisloch und behauptet, es habe nie existiert. Allein die Partei bestimme, was die Realität sei.

O'Brien streckt Winston vier Finger entgegen, behauptet aber, es seien fünf. Als Winston darauf beharrt, dass er nur vier Finger sieht, erhöht O'Brien die Schmerzstufe der Apparatur, bis Winston unzählige Finger sieht. Danach stellt O'Brien das Gerät aus.

Er erklärt dem Gefangenen, dass die Partei ihn nicht bestrafen, sondern „heilen" wolle. Winston bekommt einen explosionsartigen Schock versetzt und akzeptiert jetzt die von O'Brien präsentierten „Wahrheiten" (Ozeanien hat sich schon immer im Krieg mit Ostasien befunden; O'Brien hält fünf Finger hoch). Dann gestattet O'Brien Winston, Fragen zu stellen. Er behauptet, Julia habe Winston sofort nach ihrer Verhaftung verraten und jeder wisse, was sich in Zimmer 101 befinde.

(III) O'Brien erläutert, dass Winstons Wiedereingliederung in drei Phasen verlaufe – Lernen, Verstehen und Akzeptieren. Winston solle nun in Phase 2 eintreten. Anschließend klärt O'Brien den Gefangenen über die wahren Motive der Partei auf: Sie übe Macht allein um der Macht willen aus. Ihre Kontrolle über die Realität gehe so weit, dass sie sogar Naturgesetze aushebeln könne. Außerdem entwirft er das Bild einer Welt des Hasses als Ziel der Partei.

Winston hält dagegen, dass das Leben und ein Prinzip im Universum, vielleicht der menschliche Geist, eine solche Zukunft verhindern würden. O'Brien gelingt es jedoch, Winstons moralisches Überlegenheitsgefühl und sein Selbstbewusstsein zu brechen, indem er ihm eine Aufnahme seiner eigenen Treueschwüre gegenüber der *Brotherhood* vorspielt und Winston seinen entstellten Körper im Spiegel betrachten lässt. Allein durch die Gewissheit, Julia nicht verraten zu haben, kann sich Winston einen Rest Würde bewahren.

(IV) Winstons Haftbedingungen haben sich verbessert: Er erhält regelmäßige Mahlzeiten und die Möglichkeit zur Körperpflege. Mittlerweile hat Winston kapituliert und ist entschlossen, sich im Sinne der Ideologie von *Ingsoc* umzuschulen. Zu diesem Zweck notiert er Glaubenssätze der Partei auf einer Schiefertafel („Freiheit ist Sklaverei", „Zwei plus zwei ergibt fünf", „Gott ist Macht"). Außerdem übt er sich im *Crimestop* und schiebt Gedanken, die der Ideologie widersprechen, als „Trugschluss" beiseite.

Doch auf der Gefühlsebene hat er sich *Ingsoc* noch nicht unterworfen. Das zeigt sich in seinen Träumen von Julia und dem Goldenen Land. Einmal fährt Winston entsetzt aus einem Tagtraum hoch, weil er meint, laut nach seiner Freundin gerufen zu haben. Währenddessen hat er eine tiefe Liebe zu ihr empfunden. Winston begreift, dass er seine wahren Gefühle bis zu seiner Erschießung verborgen halten muss. Wenn es aber so weit ist, wird sein letzter Gedanke dem Hass auf die Partei und *Big Brother* gelten. Kurz darauf tritt O'Brien in seine Zelle und verkündet, dass Winston nun den „letzten Schritt" tun und *Big Brother* lieben lernen müsse. Winston wird ins gefürchtete Zimmer 101 gebracht.

(V) In diesem Raum werden die Gefangenen mit dem „Schrecklichsten der Welt" konfrontiert, in Winstons Fall sind das Ratten. Ein Käfig mit zwei Ratten wird vor seinem Gesicht angebracht mit der Drohung, die Käfigtür zu öffnen und die Tiere auf ihn loszulassen. Winston begreift, dass er sich nur retten kann, indem er einen anderen Körper zwischen sich und die Ratten bringt – und dass dies nur Julias Körper sein kann. Also verrät er sie.

(VI) Nachdem sich Winston durch den Verrat an Julia vollständig der Partei unterworfen hat, wird er aus der Haft entlassen. Zwar bekommt er einen neuen, gut bezahlten Posten im *Ministry of Truth*, dieser ist aber völlig bedeutungslos. So verbringt Winston nun die meiste Zeit im Chestnut Tree Café, trinkt Gin, spielt Schach mit sich selbst und verfolgt die Kriegsberichterstattung auf dem *Telescreen*.

An einem Nachmittag erinnert er sich an eine zufällige Begegnung mit Julia nach seiner Entlassung. Bei dem Treffen haben sich die beiden ihren gegenseitigen Verrat und den Verlust ihrer Liebe gestanden und sind danach auseinandergegangen. Plötzlich ertönt eine laute Fanfare aus dem *Telescreen* und ein entscheidender Sieg Ozeaniens über die eurasische Armee wird verkündet. Winston blickt gerührt zu einem Plakat von *Big Brother* auf, stellt sich seine eigene Erschießung vor und erkennt seinen Sieg über sich selbst: Endlich liebt er *Big Brother.*

Unterrichtsschwerpunkte

- die Textkenntnis sichern
- Handlungsorte und Motive bildlich darstellen
- sich in den Protagonisten hineinversetzen
- Figurenanalyse (O'Brien)
- die Beziehung des Protagonisten zu O'Brien untersuchen
- das Weltbild der Partei kritisch reflektieren
- die Entwicklung des Protagonisten nachvollziehen
- Motive des Romans untersuchen (Spiel)

Zu den Kopiervorlagen

Im Ministry of Love

Wie bei Winstons Wohnung im 1. Teil (siehe Kopiervorlage „Winstons Welt", S. 16) und beim Geheimversteck von Winston und Julia im 2. Teil (siehe Kopiervorlage „Das Zimmer bei Mr Charrington", S. 35) gelingt es dem Erzähler auch im 3. Teil, durch die Beschreibung der Zelleneinrichtung einen anschaulichen Eindruck von Winstons neuer Umgebung zu vermitteln. Die Schüler sind zuerst aufgefordert, anhand der Angaben in Kapitel I eine Zeichnung der Zelle im *Ministry of Love* anzufertigen. Danach wenden sie sich dem Protagonisten zu, versetzen sich in seine Situation und notieren seine Gedanken, Gefühle und Hoffnungen.

Im Rahmen der Auseinandersetzung mit Kapitel I lassen sich die Gesprächs- und Schreibanlässe „Alte Bekannte" und „Was passiert in Zimmer 101?" (S. 42) aufgreifen.

Lösung

Aufgabe 1:

Aufgabe 2:

Die Folter

In Kapitel II werden die grausamen Methoden der Partei beschrieben, mit denen sie Abweichler bestraft. Indem die Schüler die Fragen auf dem Arbeitsblatt beantworten, sichern sie ihre Textkenntnis und machen sich bewusst, welche Ziele durch die Folterungen erreicht werden sollen. Hintergründe zur Folter früher und heute können Sie mithilfe des entsprechenden Gesprächs- und Schreibanlasses (S. 42) gemeinsam erarbeiten.

Lösung

1. Winston erhält Schläge mit Fäusten, Schlagstöcken und Stahlruten sowie Stiefeltritte. Später wird er unter dem Zufügen leichter Schmerzen stundenlang befragt.
2. Das Ziel ist die Erpressung von Geständnissen. Außerdem sollen die Gefangenen gedemütigt werden und an ihrem Verstand zweifeln.
3. Er bedient den Regler einer Apparatur, die abgestufte Schmerzwellen auf einer Skala bis hundert durch Winstons Körper schickt.
4. Er will den „Wahnsinnigen" Winston „heilen".

5. Die „Heilung“ ist erreicht, wenn die Gefangenen ihre Individualität aufgeben, sich dem Geist der Partei unterwerfen und deren „Wahrheiten“ („Zwei plus zwei ergibt fünf“) glauben.
6. Die Gefangenen werden getötet und vaporisiert. Jegliche Spur ihrer Existenz wird ausgelöscht.
7. Die Gefangenen sollen nicht als Märtyrer sterben, sondern von ihrem „Irrglauben“ befreit werden und sich freiwillig zur Partei bekennen.

O'Brien – ein Freund?

Die dritte Hauptfigur, die im letzten Teil des Romans ihr wahres Gesicht zeigt, ist O'Brien. Zuerst füllen die Schüler den Steckbrief über Winstons Folterknecht aus. Die Wahrnehmung dieser Figur ist im Roman stets durch den Blick des Protagonisten gefiltert. Daher untersuchen die Jugendlichen in der zweiten Aufgabe das Verhältnis Winstons zu O'Brien. Zwar wandelt sich O'Briens Rolle im Laufe des Romans vom potenziellen Verbündeten zum Gegner und Peiniger, doch Winstons Gefühle ihm gegenüber bleiben ambivalent. In diesem Zusammenhang bietet es sich an, im Unterricht näher auf die besonderen Merkmale einer Täter-Opfer-Beziehung einzugehen (siehe Gesprächs- und Schreibanlass „Winston und O'Brien – eine Traumabindung?“, S. 42).

Lösung

Aufgabe 1:

sozialer Status: Mitglied der Inneren Partei
Beruf/Funktion: Aufseher und Folterknecht im *Ministry of Love*
Familienstand: nicht bekannt
Wohnort: London, Wohnblock der Inneren Partei
Alter: achtundvierzig oder fünfzig
Aussehen/körperliche Merkmale: groß, stämmig, dicker Nacken, grobes und erschöpftes Gesicht („hässlich und intelligent“), Tränensäcke und Falten von der Nase bis zum Kinn, trägt Brille

Aufgaben 2 und 3:

1. Teil, Kapitel I	3. Teil, Kapitel II
starke Anziehung; Kontrast zwischen Aussehen und Verhalten weckt bei Winston Faszination; W. hält O'Brien für möglichen Abweichler und Verbündeten; O'Brien als „Mensch, mit dem man reden konnte“ (S. 15)	zwiespältiges Verhältnis: einerseits Bezeichnung als „Herr der Folter“ und „Inquisitor“, „wahnsinnig“, „verrückt“; andererseits: „Beschützer“, „Freund“, „Vertrauter“, „jemand, mit dem man sich unterhalten konnte“ (S. 231)

Machtspiele

Während im 1. und 2. Teil des Romans das politische System von Ozeanien hauptsächlich in seinen Auswirkungen auf die Gesellschaft und das Individuum beschrieben wird, erhält der Leser im 3. Teil Einblicke „hinter die Kulissen“ und lernt die zugrundeliegende Ideologie besser kennen, insbesondere durch die Gespräche zwischen Winston und O'Brien in Kapitel III.

Auf diesem Arbeitsblatt befassen sich die Schüler mit der Auffassung der Partei von Macht, mit ihrer Leugnung einer objektiven Realität, die nach physikalischen Gesetzen funktioniert, und mit ihrer dystopischen Vision von einer Welt des Hasses. Sie rekapitulieren, wie es O'Brien gelingt, Winstons Widerstand schrittweise zu brechen, und was dem Protagonisten bis zum Ende von Kapitel III moralischen Halt gibt.

Im Anschluss an die Bearbeitung des Blattes können Sie die Anregungen „*The Book* – ein Werk der Partei“ (unter „Gesprächs- und Schreibanlässe“, S. 42) und „Winston vs. O'Brien“ (unter „Kreativ aktiv“, S. 42) aufgreifen. Um das darauffolgende Kapitel IV zu besprechen, nutzen Sie den Gesprächs- und Schreibanlass „Winstons Fortschritte“ (S. 42).

Lösung

Aufgabe 1:

Macht ist nur im Kollektiv erreichbar.
Macht ist reiner Selbstzweck.
Macht ist die Macht über den Geist der Menschen.
Macht wird durch das Zufügen von Schmerz und Erniedrigung aufrechterhalten.

Aufgabe 2:

z. B. Bis heute habt ihr Eurasien und Ostasien nicht erobert.
Es gibt Lebewesen, die lange vor den Menschen existiert haben.
Die Sterne befinden sich außerhalb der Reichweite des Menschen.

Aufgabe 3:

① O'Brien spielt Winston eine Aufnahme seiner eigenen Treueschwüre gegenüber der *Brotherhood* vor.
② Er lässt Winston in den Spiegel schauen und seinen schmutzigen und entstellten Körper betrachten.

Aufgabe 4:

„Ich habe Julia nicht verraten.“

Zimmer 101

In Kapitel V tritt mit Winstons Erlebnis in Zimmer 101 der zweite Höhepunkt der Handlung ein.

Konfrontiert mit seiner größten Angst – der vor Ratten –, sieht der Protagonist keinen anderen Ausweg, als Julia zu verraten. So gelingt es O'Brien, seinen Widerstand endgültig zu brechen und die erstrebte „Heilung" zu erreichen: Winston ordnet sich uneingeschränkt der Partei unter.

Mit diesem Arbeitsblatt führen sich die Schüler das Dilemma, in dem sich Winston in Zimmer 101 befindet, bildlich vor Augen und vollziehen seine Entscheidung und deren Konsequenzen nach. Bei der Bearbeitung von Aufgabe 2 können Sie auf die Kopiervorlage „Das Zimmer bei Mr Charrington" (S. 35) zurückgreifen.

Lösung

Aufgabe 2:

Die Ratten tauchen zum ersten Mal in Kapitel IV des 2. Teils auf: Aus einem Loch in der Wandvertäfelung schaut eine Ratte und Winston gerät in Panik (S. 145 / 146). Für ihn sind diese Tiere „das Schrecklichste der Welt".

Aufgabe 3:

Wenn O'Brien die Tür des Käfigs öffnet, werden die Ratten Winstons Gesicht angreifen.

Wenn Winston Julia zwischen sich und die Ratten bringt, wird er gerettet.

Aufgabe 4:

Winston entscheidet sich für den Verrat an Julia. Auf diese Weise entgeht er den Ratten, gibt aber seine Menschlichkeit auf und unterwirft sich vollständig der Partei.

In Freiheit?

In der ersten Aufgabe untersuchen die Schüler die völlige Umwandlung des Protagonisten im Hinblick auf verschiedene Aspekte seiner Persönlichkeit und seines Lebens. Anschließend analysieren sie die Spiel-Metaphorik, die das letzte Kapitel des 3. Teils durchzieht, und führen sich damit noch einmal komprimiert den „Endstand" des Romans vor Augen: Winston hat sich selbst „besiegt" und liebt nun *Big Brother.*

Im Klassengespräch sollte die hoffnungslose und abschreckende Wirkung des Romanendes herausgearbeitet werden: Winston hat sich bedingungslos der Parteiideologie unterworfen, er ist nicht mehr zu eigenständigem, unabhängigem Denken fähig und seine Individualität ist zerstört. Binden Sie an dieser Stelle den Gesprächs- und Schreibanlass „Was können wir tun?" (S. 42) ein.

Im Rahmen der Auseinandersetzung mit dem Abschlusskapitel bietet sich außerdem eine Übung zum szenischen Spiel in Partnerarbeit an (siehe dazu Anregung „Wiedersehen mit Julia" in der Rubrik „Kreativ aktiv", S. 42).

Aufgabe 1:

Aussehen: hat zugenommen, Züge sind feister geworden, Haut auf Nase und Wangen ist gerötet, kahle Kopfhaut ist tiefrosa

Arbeit: neuer, gut bezahlter, aber bedeutungsloser Posten in einem Unterkomitee eines Unterkomitees im *Ministry of Truth*

Tagesablauf: W. schläft bis 11 Uhr, trinkt Victory Gin vor dem *Telescreen*, geht um 15 Uhr ins Chestnut Tree Café, bleibt bis zur Sperrstunde

Innenleben: hat die Wahrheiten der Partei komplett verinnerlicht; schiebt eigene Erinnerungen als „falsch" beiseite; etwas in ihm wurde „getötet"

Aufgabe 2:

	Spiel 1	Spiel 2	Spiel 3
Was wird gespielt?	Schach	Krieg	*Snakes and Ladders*
Wann wird gespielt?	Gegenwart	Gegenwart	Vergangenheit
Wer spielt gegen wen?	Schwarz gegen Weiß bzw. Winston gegen sich selbst	Ozeanien gegen Eurasien	Winston gegen seine Mutter
Wer ist der Sieger?	Winston siegt über sich selbst: Er liebt nun *Big Brother.*	Ozeanien	Vier Partien gewinnt Winston, vier seine Mutter.

Gesprächs- und Schreibanlässe

Alte Bekannte
In Kapitel I tauchen nacheinander drei Bekannte von Winston in der Zelle des *Ministry of Love* auf: Ampleforth, Parsons und O'Brien. Wie verhalten sich die Besucher und wie interagieren sie mit Winston? Was sind die Gründe für ihr Erscheinen? Klärt diese Fragen in einem Klassengespräch.

Was passiert in Zimmer 101?
Alle Gefangenen, die in der Zelle auftauchen, werden irgendwann in Zimmer 101 abgeführt. Wie reagieren die Häftlinge auf die Ankündigung? Wie lassen sich ihre Reaktionen deuten? Was verbirgt sich wohl in Zimmer 101? Tauscht euch darüber aus.

Folter früher und heute
Wie definiert man „Folter"? Wo und in welchem Zusammenhang wurde Folter früher eingesetzt? Was steht in der „UN-Antifolterkonvention"? Welche Fälle von Folter sind in den letzten Jahren bekannt geworden? Informiert euch im Internet und tragt eure Rechercheergebnisse im Plenum zusammen.

Winston und O'Brien – eine Traumabindung?
Obwohl O'Brien ihn quält und foltert, empfindet Winston Dankbarkeit und sogar Liebe für ihn (vgl. S. 231). Diese positiven Gefühle lassen sich psychologisch durch das Konzept der Traumabindung erklären. Was versteht man darunter? In welchen Situationen tritt eine Traumabindung auf? Welche Formen gibt es? Wodurch unterscheidet sich das Stockholm-Syndrom von der Traumabindung? Nutzt das Internet, z. B. den Wikipedia-Artikel zum Stichwort „Traumabindung", um Antworten auf diese Fragen zu erarbeiten.

***The Book* – ein Werk der Partei**
In Kapitel III eröffnet O'Brien Winston, dass Goldsteins *Book* von der Partei verfasst wurde und er selbst daran mitgewirkt hat. Warum hat die Partei das Buch geschrieben? Welche Funktion erfüllen Goldstein und *The Brotherhood* für die Partei? Sprecht darüber.

Winstons Fortschritte
Lies Kapitel IV. In welchem Zustand befindet sich Winston? Was spricht für den Erfolg, was für den Misserfolg von O'Briens „Heilungsmethode"? Lege eine Tabelle mit Beispielen aus der Lektüre an. Tragt eure Ergebnisse im Klassengespräch zusammen und diskutiert folgende Fragen: Auf welcher Ebene hat sich Winston der Parteiideologie bereits unterworfen, auf welcher Ebene zeigt er noch Widerstand? Welche Konsequenz zieht O'Brien daraus? Worin besteht der „letzte Schritt"?

Was können wir tun?
Ihr habt nun den gesamten Roman gelesen und euch über die abschreckende Wirkung des Endes ausgetauscht. Diskutiert über die Fragen: Was können wir tun, damit wir in Zukunft nicht so etwas erleben wie Winston Smith? Wodurch lässt sich eine Welt, wie sie in „1984" geschildert wird, verhindern? Welchen Entwicklungen und Tendenzen sollten wir schon heute entgegentreten?

Kreativ aktiv

Winston vs. O'Brien
Auf dem Arbeitsblatt „Machtspiele" habt ihr einige Argumente Winstons gegen O'Briens Behauptung von der Allmacht der Partei notiert (Aufgabe 2). Sammelt in Partnerarbeit zusätzliche Argumente für und gegen das Weltbild von O'Brien und *Ingsoc*. Entwickelt den Dialog zwischen O'Brien und Winston weiter und spielt ihn euren Mitschülern vor.

Wiedersehen mit Julia
Im letzten Kapitel erinnert sich Winston an eine zufällige Begegnung mit Julia nach seiner Entlassung aus der Haft. Wie ist das Treffen verlaufen? Schreibt zu zweit eine kurze Szene inklusive Regieanweisungen zu Gestik und Mimik. Präsentiert die Szene der gesamten Klasse.

Im Ministry of Love

1. Lies den Anfang des 3. Teils. Wie ist die Zelle im *Ministry of Love* eingerichtet? Zeichne in den Rahmen.

2. Was geht Winston in der Zelle durch den Kopf? Schreibe seine Gedanken zu a) seinem körperlichen Zustand, b) Julia und c) O'Brien mit eigenen Worten in die Denkblasen.

Die Folter

Beantworte die Fragen zu Kapitel II des 3. Teils in vollständigen Sätzen.

1. Wie wird Winston zu Beginn des Kapitels, vor dem Auftritt O'Briens gefoltert?

2. Welches Ziel haben diese Folterungen?

3. Womit foltert O'Brien den Protagonisten?

4. Was beabsichtigt O'Brien mit den Folterungen?

5. Wann ist die „Heilung“ der Gefangenen erreicht?

6. Was passiert am Ende mit den Gefangenen?

7. Warum werden die Gefangenen gefoltert, wenn ihr Schicksal ohnehin besiegelt ist?

O'Brien – ein Freund?

1. Ergänze den Eintrag über O'Brien im Personenverzeichnis der Partei.

sozialer Status: ______________________

Beruf / Funktion: ______________________

____

Familienstand: ______________________

Wohnort: ______________________

Alter: ______________________

Aussehen / körperliche Merkmale: ______________________

____

____

____

2. Wofür hält Winston O'Brien? Wie nimmt er ihn wahr? Notiere Stichworte für die erste Begegnung bei den *Two Minutes Hate* (1. Teil, Kapitel I) und für Winstons Wahrnehmungen als Gefangener (3. Teil, Kapitel II).

1. Teil, Kapitel I	3. Teil, Kapitel II

3. Welche Zuschreibung vom Romananfang wird im 3. Teil fast wortwörtlich wiederholt? Ergänze sie mit der jeweiligen Seitenangabe in der Tabelle.

Machtspiele

In Kapitel III des 3. Teils klärt O'Brien Winston über die wahren Motive der Partei auf.

1. Welche Auffassung hat die Partei von Macht? Rahme richtige Aussagen ein.

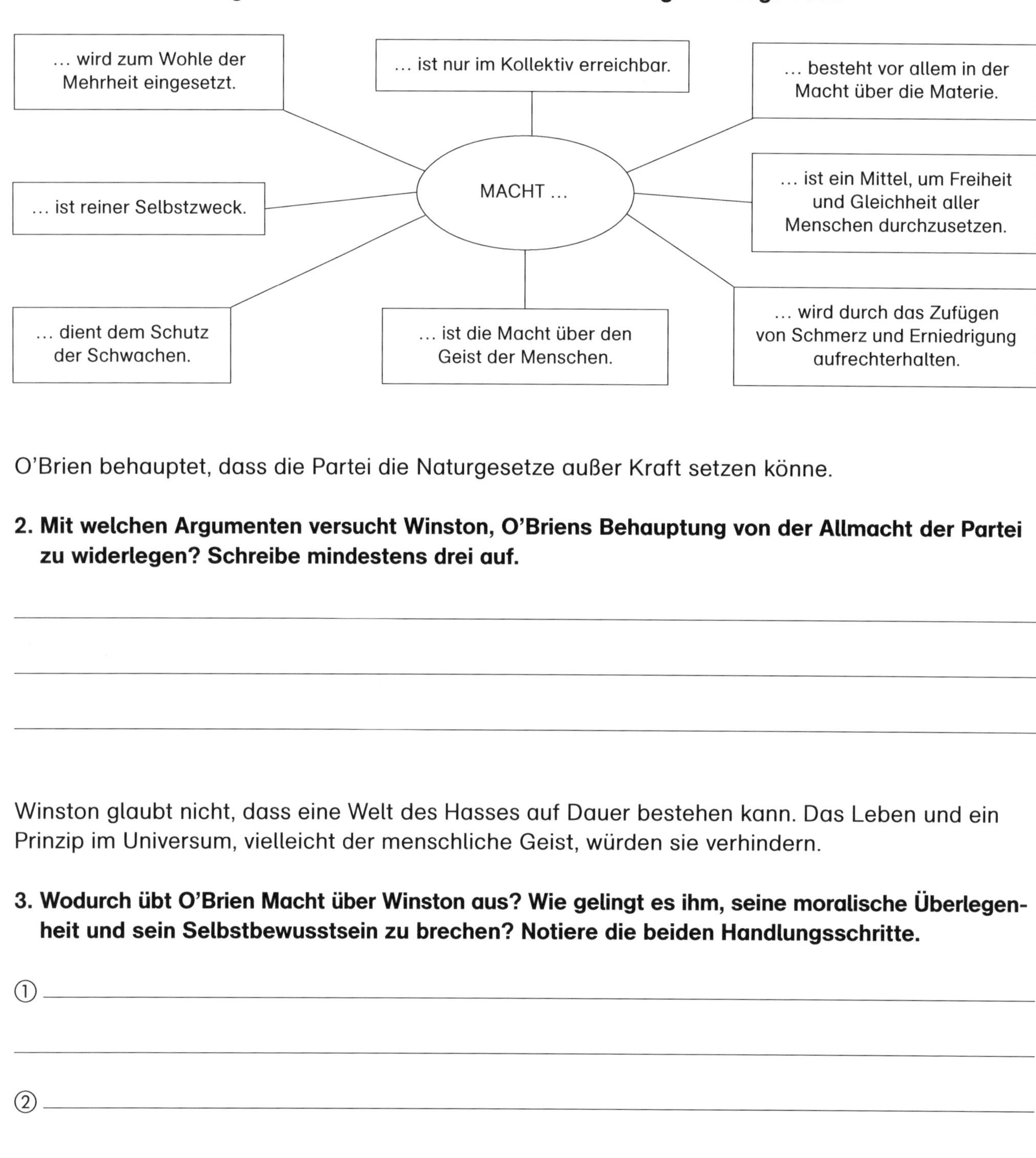

O'Brien behauptet, dass die Partei die Naturgesetze außer Kraft setzen könne.

2. Mit welchen Argumenten versucht Winston, O'Briens Behauptung von der Allmacht der Partei zu widerlegen? Schreibe mindestens drei auf.

Winston glaubt nicht, dass eine Welt des Hasses auf Dauer bestehen kann. Das Leben und ein Prinzip im Universum, vielleicht der menschliche Geist, würden sie verhindern.

3. Wodurch übt O'Brien Macht über Winston aus? Wie gelingt es ihm, seine moralische Überlegenheit und sein Selbstbewusstsein zu brechen? Notiere die beiden Handlungsschritte.

①

②

4. Durch welchen Gedanken kann sich Winston ein Stück Macht über sich selbst und einen Rest Menschlichkeit bewahren? Schreibe ihn auf.

Zimmer 101

Winston wird auf einem Stuhl festgebunden und ein Gegenstand wird hereingebracht.

1. Worum handelt es sich? Wie sieht der Gegenstand aus? Male in den Rahmen.

2. Wann und wo tauchen die Ratten zum ersten Mal im Buch auf? Nenne die Textstelle und erkläre, welche Bedeutung die Tiere für Winston haben.

____

____

____

____

3. Welches Schicksal droht Winston? Wodurch könnte er sich retten? Schreibe unter das jeweils passende Symbol.

____

____

____

4. Wofür entscheidet sich Winston? Rahme das passende Symbol ein. Welche Konsequenzen hat diese Entscheidung? Sprecht darüber.

In Freiheit?

Winston wurde aus der Haft entlassen, aber er hat sich stark verändert.

1. Worin bestehen die Veränderungen? Notiere in Stichworten.

Aussehen:

Arbeit:

Tagesablauf:

Innenleben:

2. Ein wiederkehrendes Motiv des letzten Kapitels ist das „Spiel". Welche Arten von „Spielen" tauchen auf? Ergänze die Tabelle.

	Spiel 1	Spiel 2	Spiel 3
Was wird gespielt?			
Wann wird gespielt?			
Wer spielt gegen wen?			
Wer ist der Sieger?			

3. Wie wirkt das Ende des Romans auf euch? Sprecht darüber.